为什么学霸
都是方法控

达夫 著

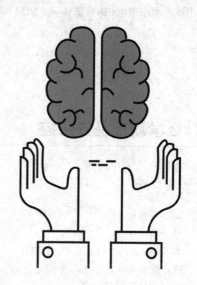

中国华侨出版社
·北京·

图书在版编目(CIP)数据

为什么学霸都是方法控 / 达夫著. — 北京：中国
华侨出版社，2023.5（2024.10重印）

ISBN 978-7-5113-8625-0

Ⅰ.①为… Ⅱ.①达… Ⅲ.①学习方法－研究 Ⅳ.
①G442

中国版本图书馆CIP数据核字（2021）第193606号

为什么学霸都是方法控

著　　者：	达　夫
责任编辑：	刘晓燕
封面设计：	韩　立
美术编辑：	刘欣梅
经　　销：	新华书店
开　　本：	880mm×1230mm　　1/32开　　印张：7.75　　字数：170千字
印　　刷：	德富泰（唐山）印务有限公司
版　　次：	2023年5月第1版
印　　次：	2024年10月第3次印刷
书　　号：	ISBN 978-7-5113-8625-0
定　　价：	38.00元

中国华侨出版社　　北京市朝阳区西坝河东里77号楼底商5号　　邮编：100028

发行部：(010) 58815874　　传　真：(010) 58815857

网　址：www.oveaschin.com　　E－m a i l：oveaschin@sina.com

如果发现印装质量问题，影响阅读，请与印刷厂联系调换。

前言

神话从这里开始。

大家知道最新最酷的学霸是什么样子吗？

他们不是戴着近视眼镜每天只会看书的同学，也不是每个周末只会乖乖待在家里的同学。相反——

他们活泼好动，思路敏捷，能言善辩，热衷实践！

每一天他们都有很多娱乐、活动的时间，每一秒钟他们都是开心快乐的！

他们的生活内容丰富得不得了；

他们的体能精力充沛得不得了；

他们的考试成绩优秀得不得了！

他们为什么可以这么轻松？为什么可以生活得如此精彩？

原来他们有一个共同的外号叫"方法控"！

你还在辛苦努力，却收获不到满意的成绩吗？

你还在犹豫不决，不知道怎样跨出第一步吗？

你还在失望低落中，怀疑自己的能力吗？

其实你与学霸的差别只在于没有找到适合自己的学习方法。只要掌握了学习方法，树立正确的学习态度，养成良好的学习习惯，你也能轻松成为学霸。本书将为你全面揭示学霸的学习秘诀，包括如何端正学习态度、学习的一些重要方法和策略、学习过程中各个环节的要领，还将告诉你学霸应对考试的技巧，以及如何把学习融入娱乐和生活之中，树立大学习的观念，帮助你变苦学为乐学，充分开发大脑潜能，实现成为学霸的愿望。此外，本书对父母的教育方式也提出了宝贵的建议。阅读本书，你会发现学习本来是一项有趣的游戏，并不是什么负担，学习能让人在获得知识和技能的过程中得到愉悦，而考试，不过是这项游戏中一个普通的闯关环节而已。在游戏心态的支配下，学习会变得更加轻松，也更加有效。

请你立即拿起这本书，认真读下去，读到最后一页的时候，你会明白——我也可以轻松考第一！我也可以轻松做学霸！

昔日，你以为遥不可及的神话就要实现啦！

目录

CONTENTS

第一章　所谓学习好，就是方法好
　　　　——超强学习力是训练出来的

第二章　为什么学霸的时间总够用

——掌控学习，从掌控时间开始

第三章　向课堂 45 分钟要成绩

——你跟学霸的距离是怎样拉开的

第四章　你不知道的学霸复习技巧
——复习绝不只是做"复读机"

第五章　为什么学霸总能过目不忘
——超强记忆的秘诀

第六章　学会高效快速地阅读
——学霸获得优势的硬核技能

第七章　学霸的脑回路跟你不一样

——你不是不聪明，是没有掌握思考的诀窍

第一章

所谓学习好，就是方法好

——超强学习力是训练出来的

首先要有强烈的学习动机

生命的开始就是学习的开始。学习是我们一生都在做的事情，"活到老学到老"。学习如同阳光，从出生伊始，洒满我们的一生，也温暖我们的一生。

小时候，我们学习怎样走路、怎样拿筷子、怎样穿衣服、怎样说话，逐渐地学会了我们的母语，学会了怎样学习，学会了怎样辨别，也学会了怎样进步。这一切，都是因为我们内心有渴望学习的动机。

学习动机是直接推动我们进行学习的一种内部力量，它表现为学习的意向、愿望、兴趣等，它能推动我们从"要我学"变为"我要学"。心理学家告诉我们：一个人的学习成绩主要受两方面因素的影响——智力和动机，用公式表示即是：学习成绩 = 智力 × 动机。

心理学家曾经做过这样一个有趣的动物实验：让猿猴解决用竹竿取食物的问题。当猿猴挨饿不到 6 小时时，猿猴用竹竿取食物的注意力不集中，并且常常因为其他干扰而中断动作，不能获得成功。而当猿猴真正感到饿的时候，由于饥饿的推动作用，它在用竹竿获取食物时注意力集中，行为灵活，从而迅速获得成功。这个实验启示我们：任何学习行为都是由学习动机直接引发的。动机强烈时，学习热情高、干劲足；动机不强时，学习情绪低落，自暴自弃。

学习动机不仅引发学习行为，它还指导行为的方向。比如，你想当作家，那你的学习活动就会朝着这一方向进行。你会大量阅读中外著作，研究其写作方法与技巧；一般人看电影、电视只作为娱乐，而你却在研究其题材布局、语言运用以及形象塑造等；你还经常练笔、投稿；等等。总之，你的一切活动都在沿着作家之路进行。

你还在厌恶学习吗？还不喜欢学习吗？那就给厌学开个药方，从现在开始培养和激发你的学习动机。伟大的文学家高尔基说："一个人追求的目标越高，他的才力就发展得越快，对社会就越有益。"因此，你要给自己确立一个学习的目标，你就会为追随理想和目标而学习和生活，也就会产生强大的精神力量。你要相信：学习随着志向走，成功伴着行动走。反之，如果不立志，人则如无舵之舟，终不能成功。我们的一生，只有知识才可以翩翩走进我们的一生，永远陪伴我们，陪我们走过花季雨季，每一步都是丰盈的、有力的。

为了一个大写的"人"字，为了明天的成功，一切的努力都是值得的。所以，人生可以忘记很多事情，但不要忘记一件事——热爱学习，你会成功。

助你自信倍增的 8 种方法

我们根据优等生的成功经验来看，提高自信心是有办法的。亲爱的同学们，下面我们介绍几种方法，你们可以根据自己的情况采用一种或几种，必有成效！

1. 破除自卑

破除自卑是建立自信的根本方法。而破除自卑的具体措施，就是对每一个引起人自卑的事实做一个正确的认识。

人为什么会产生自卑心理？是因为有一个认识在支配你，而那个认识是错误的。

你因为家庭条件不好而自卑，认为家庭条件不好会受人轻视，这是错误的认识。你要给自己一个认识：我家庭条件不好，学习条件恶劣，但是我经过努力学得更好，说明我更有学习能力，我会赢得更大的尊重。这就是一个正确认识。

要对引起自卑的事实有一个正确的认识，这是破除自卑的具体方法。

2. 每天对自己说"我行"

首先要告诉你的是永远不要对自己说"我不行"。总认为自己这也不行那也不行的人，越认为自己不行就越没信心，越没信心就感觉越没劲，甚至破罐破摔。

尤其是学习基础较差的同学，快到期末考试时心里总想："我期中考试就没考好，我不行，所以这次考试肯定也考不好。反正是考不好，回去又得受我爸爸妈妈的斥骂，算了，不复习了。"那自然还是考不好。

安东尼·罗宾在他的《潜能成功学》里指出，如果你想让自己变得积极进取，有一种方法，那就是"假装"。当你在生理上假装拥有某种心态，你就能实现那种状态。有句俗语说得好："如果你想无所不能，那就装得无所不能吧！"

如果你装得对学习很有兴趣，很有信心，很自然地你就能进入那种状态。俗话说"没有身，则没有心"，或"没有心，则没有身"。你是否有过这样的体验：当你觉得身体疲倦、衰弱、疼痛时，是不是觉得周围的一切都显得暗淡无光。若你觉得活跃有劲，你的思绪就会跟着灵动飞扬。

常有人找安东尼·罗宾，说他办不了某件事，安东尼·罗宾就说："装作你能办得到。"通常他们会回答："不知道该如何假装。"安东尼·罗宾就说："就装作你知道怎么假装。你在举止上、神情上、呼吸上，都装出应该是的样子。当你真的装出应有的动作时，马上就会觉得自己能办得到。"

同样的情形也发生在"过火"的仪式上。某些人面对火堆时，因为心理及生理上都做好了准备，所以充满了自信，准备一试。果然，他们能昂首阔步，安然无恙地走过火堆。

然而，有些人却在最后一刻退缩了。或许他们想起可能会发生的不幸后果；或许逼近火堆时，灼人的炽热赶走了原先他们培养出的自信。结果，他们的身体吓得直打战，或者大声喊叫，或者呆若木鸡。这时他们的肌肉僵硬，能否过去就可想而知了。

你也可以去想一想，是否有哪一件事你做不来，但很想去做。如果你相信能办得到的话，你会怎么做？怎么说？怎么呼吸呢？现在就请你确确实实地展现你认为能办得到的生理状态来，看看这时候的站姿、呼吸、神情，是不是跟原先认为办不到时的样子有差别呢？如果你生理状态装得分毫不差，这时你就会觉得"好像"自己能做到先前认为办不到的事。

用这种"假装能行"的心理暗示，可以帮助我们克服自卑心理，树立自信心。你可以经常在心中默念："我行，我能行。"默念时要果断，要反复念，特别是在遇到困难时更要默念。只要你坚持在早晨起床后默念9次，在晚上临睡前默念9次，通过这样积极的自我暗示，你就会逐渐树立信心，拥有心理力量。

3. 大声讲话

大声讲话，是建立完整自信的一个很好的突破口。

从今天就开始训练。一定要敢张嘴，一定要放大声。人多的场面不敢练，就人少时候练；当人面不敢练，就对着镜子自己练。

4. 有开心，就有信心

回忆过去成功的经验，可以增强信心，既然过去能成功，就应该坚信今后也会成功。

积累成功经验的过程，正是自信心增强的过程。美国成功学大师戴尔·卡耐基指出："大胆地去做你所怕做的事情，并力争得到一个成功的记录。"他运用这个方法，使不少人摆脱了自卑的羁绊，树立起信心的风帆。因为人对自己怕做的事情大多缺乏自信心，所以不敢去做。可一旦尝试去做且取得成功，那么接下来的一些事情，也就更敢于去做了。

每个人在成长过程中，都有自己开心的事，开心的事就是你做得成功的事，那是你信心的产物、力量的源泉。

有一个优等生，她曾经在学习的道路上郁闷过、彷徨过，甚至怀疑自己"我能行吗"？她的老师看到这种情况后，就对她说，"只要你振奋起精神，你就行"。在与老师的交谈中，她回想起自己曾经取得的好成绩和受到老师表扬时的情景，于是她心里踏实些了，有信心了，后来她经过努力，终于成功了。

这也告诉我们，任何时候，失败不是最可怕的，只要我们不曾输掉自己。

阳光总在风雨后，不要惧怕失败。

每一次失败，都给我们经验。

每一次失败，都让我们长大。

每一次失败，都使我们走向成熟。

5. 给自己一个灿烂的笑容

没有信心的人才会愁眉苦脸，无精打采，眼神呆滞。雄心勃勃的人，眼睛闪闪发亮，满面春风。人的面部表情与人的内心体验是一致的。笑是快乐的表现，笑能使人产生信心和力量；笑能使人心情舒畅，振奋精神；笑能使人忘记忧愁，摆脱烦恼。

学会笑，学会微笑，学会在受挫折时笑得出来，就会增强信心。请你对着镜子自然地微笑，体验一下你内心的感受。这个方法看起来很简单，但是做起来确实有效果。当你逐渐养成了经常微笑的习惯，你就会觉得内心充满了力量，充满了信心。

现在你可以拿出心爱的小镜子，对着镜子里的人自然微笑。

当你给自己一个灿烂的笑脸的时候，你就将许给自己一个成功的未来，一个光明的未来！

6. 挺胸抬头才有自信

有的同学总习惯低头走路，没精打采。其实，你知道吗？垂头是没有力量的表现，是失败的表现，是丧失信心的表现。成功的人、得意的人、获得胜利的人则昂首挺胸，意气风发。昂首挺胸是富有力量的表现，是自信的表现。

人的姿势与人的内心体验是相适应的，姿势的表现与内心的体验可以相互促进。一个人越有信心、越有力量，越会昂首挺胸。一个人越没有力量、越自卑，越会无精打采，垂头丧气。学会自然地昂首挺胸就会逐步树立信心，增强信心。

一位平常学业成绩不错的小学生，小学毕业考试失利了，当他得知自己的考试分数后，一进家门就耷拉着脑袋。他妈妈一看他的姿态就知道他考得不好。他的妈妈不但没有批评他，反而鼓励他说："谁都有考好考坏的时候，世界上没有常胜将军。虽然考不上重点学校，但精神上不能垮，不能气馁，儿子你要挺起胸、抬起头，振奋精神。"

他妈妈说"挺起胸""抬起头"，正表明这样的姿态是有力量的表现，是有信心的表现。在她儿子受到严重挫折的时候，她指导她儿子挺起胸、抬起头，用外部姿势的改变来逐步消除她儿子气馁的心态，帮助她儿子从挫折中走出来。

7. 对别人说"你好"

我们要习惯于问候别人："你好吗？"因为按照常规，别人也会用问候回敬你。你问别人好，别人也会问你好；你对别人微笑，别人也会对你微笑。我们几乎很少见到你对别人微笑问候"你好"，别人会横眉竖眼对你说"你不好"，这是不符合人之常情的。在微笑的问候中，双方都会感到人间的温暖、人间的真情，这种温暖与真情就会使人充满力量，增添信心。

生活中，你也许会留意到，封闭的人往往都不自信。只有打开自己的心窗，让自己潮湿的心情走出来，透透气，接受阳光的抚摸，我们的内心世界才会温暖明亮！

8. 让音乐为你喊出"加油"

每当升国旗，听到雄壮激昂的国歌时，我们就会情绪高涨，斗志昂扬；而当听到低沉、悲伤的哀乐时，我们往往会有最悲痛、难过的情绪涌上心头。

健康的音乐能调节人的情绪，陶冶人的情操，培养人的意志。当人受到挫折的时候，情绪低沉的时候，缺乏信心的时候，选择适当的音乐来欣赏，能帮助人振奋精神。军乐往往就有这种功能，它能激发人的情绪，使人充满激情。如《义勇军进行曲》使千千万万的中国人热血沸腾，精神振奋，为保卫祖国流血牺牲，在所不惜。

亲爱的同学们，你认为哪首歌最能激励你前进呢？

7招强化抗挫折能力，实现高分

学习是一个不断遭遇挫折、克服困难的过程。为了实现自己的学习目标，取得高分，就需要我们增强自身的抗挫折能力。

具体说来，有以下7种办法。

1.培养自己的抗挫折能力

古今中外历史上，所有为人类做出伟大贡献的人，都经历过无数次挫折，都有很强的抗挫折能力。

当我们遭遇挫折的时候，要学会换一种眼光去看待，学会锻炼自己的意志，让自己一次比一次坚强。

2.把学习失利当作机遇

我们可以把学习和考试中遇到的失误和失利当成磨炼自己意志的机会，当成增长自己能力的机遇。

3. 时刻充满必胜的信心

一般情况下，当我们遭遇挫折时，情绪难免会失落，这时，你不妨放声高呼几声，比如："挫折你尽管来吧，我定能战胜你！"

同时，面对挫折，不要退缩，要想方设法去寻求解决问题的新途径。

4. 发挥自己的积极主动性

无论是在生活中还是学习中，我们都应尽可能地减少对老师和父母的依赖，只要是自己能做的事情，就不要请别人帮忙或代做。善于调动自己的积极主动性，我们才能主动锻炼自己，增长抗挫能力。

5. 养成锻炼身体的好习惯

健康的身体是取得好成绩的保证。身体的强弱对学习效果的好坏影响很大。一个身体健壮的人，比起身体羸弱的人，往往更容易凭借充足的精力去克服学习上的困难。

平时，我们应该有锻炼身体的意识，每天做一至两项自己喜欢的运动，长期坚持下去，自然能增强抵抗恶劣环境的能力。

6. 平时主动给自己制造难题

日常学习中，可以根据学习进展，不时地给自己制造些难题，设计些困境，以发挥自己的能动性，挖掘自己的学习潜力，从而完善自己的知识结构。

7. 多读一些名人传记

名人传记是人类的精神养料。比如，罗曼·罗兰《贝多芬传》

中的名言："不幸的人啊！切勿过于怨叹，人类中最优秀的人和你们同在。"假如你读过《名人传》，或许在你感到绝望的时候就会想到音乐巨人贝多芬，在迷茫的时候想到画家米开朗琪罗，在孤独的时候想到托尔斯泰。

阅读名人传记，就像是在和伟大的人对话，除了让我们了解到他们的人生经历之外，也能让我们对比自己，从而清楚地看到，原来自己面临的困难是多么渺小，只要多一些毅力和耐心，任何困难都将不堪一击。

我们在不断阅读名人传记的过程中，就能感觉到人生就是不断战胜困难、战胜挫折的过程。

其实，像《史记》等历史著作就是很好的人物传记读本，如果是自传性的书，我们尽量选择那些年纪偏大的，对人生有所总结的人的作品，比如季羡林先生的作品就值得一读；如果是给别人写的传记，我们尽量读那些大家的作品，比如林语堂写的《苏东坡传》等。

7 招把注意力集中到位

对一个学生来说，没有注意力，就没有学习效率。对于一个善于学习的人来说，注意力是影响学习效率的最重要因素之一，在学习过程中起着重要的作用。

在这里，有 7 招可以让你集中注意力。

1. 早睡早起，自我减压

正常休息，多利用白天时间学习，提高单位时间的学习效率，不要贪黑熬夜，否则累得头脑昏昏沉沉而一整天打不起精神。相信付出就有收获，让心情保持轻松、愉快，注意力就容易集中了。

2. 放松训练法

你可以舒适地坐在椅子上或躺在床上，向身体的各个部位传递休息的信息。让身体松弛下来，同时暗示它休息，然后，从左右脚到躯干，再从左右手放松到躯干。这时，再从躯干到颈部、头部、脸部全部放松。只需短短的几分钟，你就能进入轻松、平和的状态。

3. 积极目标训练法

学会在任何时候将自己的注意力集中起来，是一个高效学习者的重要品质。当你给自己设定一个提高自己注意力和专心能力的目标时，你就会发现，在非常短的时间内，集中注意力就会有很大的改观。

比如这一年我的目标是什么？这一学期甚至这一周我的目标是什么？我应该完成哪些学习任务？一旦目标明确了，学习的动力就足了，注意力也就不容易分散了。

4. 培养自己专心的素质

如果想让自己专心致志地学习，首先要有自信心，相信自己可以具备迅速提高注意力集中的能力，只要下定决心，不受干扰，排除干扰，我们就可以做到注意力的高度集中。

5. 感官同用法

训练注意力，同样需要调动多种运动器官来协同活动，在大脑皮层形成一个较强的兴奋中心。如耳听录音带，嘴里读单词，眼睛看课本，手在纸上写单词。这样，注意力自然就不容易分散了。

6. 排除干扰法

排除干扰法，包括外界的干扰和内心的干扰，有时，内心的干扰比外界环境的干扰更为严重，我们可以通过给内心提示和暗示来训练自己，比如告诉自己有很多大目标都没有实现，必须集中精力。

还可以试着在没有任何干扰的情况下背诵一段300字左右的文章看需要多少时间，然后在旁边有干扰的情况下背这段文章，看需要多长时间，直到在两种环境中所用时间相同为止。

7. 难易适度法

这种训练方法要求我们，对于那些已能熟练解答的习题不要花太多时间去演算，可以找一些这方面经典性的题目练习。对于难度大的题目，先独立思考，再求助老师、同学或家长。对于不感兴趣难度又比较大的内容，自己首先订好计划，限定时间去学习，就不会松懈拖沓。如果攻克一个难题，就给自己一个奖赏，让成就感来激励自己，从而集中注意力。

好成绩，源于不断的调节和坚持

经常听到有的学生说："上小学时我的成绩挺好，可刚上初中，就感到学习很吃力，成绩上不去，心中很着急，该怎么办呢？"或者是："我的其他成绩都不错，可为什么就学不好外语呢？"这其中一个很大的原因就是学习方法没有及时调整。

做任何事情，都要讲究方法，方法对路，事半功倍。学习也是这样。对学习有浓厚的兴趣，越学越觉得有规律可循，优等生对基本概念、规律理解深刻，思维敏锐，思路广阔，技能熟练。他们不怕考试，不怕难题。主要的一条经验是他们有科学精神，在学习知识的同时，主动地去掌握和积累科学的学习方法。然而有相当多的同学学得被动，学习效率低，成绩较差，虽然他们也能做到上课用心听讲，课后及时复习，但遇到稍微复杂或灵活一点的问题，就蒙了。几次考试失利，觉得劳而无功，以致丧失自信与兴趣。由于"不会学"而导致"不爱学"和"不愿学"的情况为数甚多。因此，同学们能否掌握科学的学习方法，不但是今天能否由"怕学"变成"爱学"的关键所在，而且会影响到今后一生能否掌握自然科学的一般方法以求更好地发展。我希望同学们不仅要重视良好的学习习惯的培养，而且要努力掌握科学的学习方法。

概括中小学生的学习方法，从智力因素、性格特征、学习习惯、性别差异几个方面看，大致有如下几种情况。

1. 兔型学习法与龟型学习法

智力发达的学生一般都有天才的气质和性格，难以按计划学习。当他心血来潮时，就积极地学上一阵子；热度一下去，就什么也不学了。这就是兔型学习法。尽管如此，并不影响他取得良好的成绩，只不过他本人的能力并未充分发挥出来，这对个人和对社会来说都是一个损失。如果他能够运用科学的学习方法，就能把聪明才智充分发挥出来，学习成绩就会更好，未来对社会的贡献也会更大。

相反，龟型学习法计划性较强。他们制订作息时间表，按时进行预习和复习，上课认真听讲，学习基础牢固，能逐步增强实力。如果他能按科学的方法去学习，成绩一定会上升。学习成绩提高以后，智力随着提高，自信心也就更强了。

2. 外倾型学习法与内倾型学习法

外倾型性格的学生学习时应注意以下几个方面。

（1）应养成深思的学习习惯。一般来说，外倾型性格的人遇到问题喜欢向别人请教，但由于相信自己领会得比较快，常常会自己觉得已经懂了，而其实不一定真懂。所以，这一类型的人理解问题常常很片面。这类人最好能养成好学深思的好习惯，凡事要多问几个为什么。

（2）发现错误要及时改正。外倾型人性格的对分数一般不太在乎，因此也常常不能认真改正错误，这类学生常常是同一个错误一犯再犯。对于此类错误，最好的预防办法是每次做错题时，都要在专门的记错本上改正过来。每次考试前都要仔细复习一下。

（3）以分散学习法为主。由于外倾型性格的人情绪波动比较快，超过1小时的学习对他们来说，效果不会太好。因此，最好是每门功课的学习时间不超过二三十分钟。其间，最好休息5～10分钟。

（4）有一部分外倾型性格的人，由于精力比较旺盛，常常同时干两件事，这样只会使本来就容易分散的精力更易分散。所以，一定要尽量避免一心二用。

（5）要养成看书的习惯。可从比较感兴趣的书籍入手，此外，还可培养对竞赛类游戏的兴趣，这样有利于培养集中精力思考问题的能力。

（6）学习要均衡。即每天保证一定的学习时间，但每天都不要学习很长时间。

内倾型性格的学生在学习中有着与外倾型性格的学生不同的特点，他们主要应注意以下几点。

（1）要加强心理健康训练。这种学生经常会为生活琐事烦恼，生活中一点点小事也会让他们烦心，这必然会极大地干扰他们的学习。所以，最好让他们经常参加竞赛活动，锻炼其心理承受能力。

（2）内倾型性格的人一般都比较自卑，而自卑会导致焦虑，从而影响学习。因此，最好能从比较容易的内容开始学习。

（3）此类学生一般都比较容易产生焦虑情绪，这有害身心健康。所以，一定要注意锻炼身体。另外，通过体育活动，还可以使他们反复体验到胜败的感觉，逐渐懂得"胜败乃兵家常事"的道理。

（4）这类学生经常因为害怕失败而中途放弃，以致常常延误了大好时机。所以一定要让他们制订学习计划，并鼓励他们坚持到底。

（5）有一些内倾型性格的学生会觉得稍不用功学习成绩便会直线下降，所以，什么时候都很紧张，一天到晚都在学习，而学习成绩却总上不去。这样的学生一般自制力都比较强，因此，可以制订一个有张有弛的学习计划，例如，一天中，某一段时间一定要用于体育锻炼或出去游玩。这样才能得到适当的休息。

3. 早型学习法和晚型学习法

早型学习是在起床后三四小时内学习，效率最高。早型学习与多数学生的生活习惯一致，学习时来自他人的干扰少，上午上课精力集中，收效最大。晚型学习是利用下午到夜间的时间进行学习，这段时间精力充沛。晚型者容易在白天打盹而影响听讲效果。从保障身体健康、提高学习效率的角度来看，以早型学习为好。

4. 性别差异与学习方法

在实际学习中有这样的情况：女生在小学、初中的成绩一般比男生好；高中以后就渐渐比不上男生了。这是男女生性别差异所造成的现象。男女之间存在着不同程度的智力成分的差异、兴趣差异和性格差异。根据心理现象研究表明：女生偏重于形象思维，语言比较流畅，善于语言叙述、描写；而男生更多地偏重于逻辑思维，思维具有广泛、灵活和创造性等特点。女生偏爱文科，男生偏爱理科。女生多半对小说、电影、戏剧、故事、音乐、舞蹈等富有兴趣；而男生对科学书报、科技活动、国内外见闻、体育活动等更有兴趣。男生多性格开朗、勇敢刚强、果断机智，不拘泥于细枝末节，不计较点滴得失，好动、好问、好奇、好想，容易形成敢想敢为、胸襟宽阔、机敏灵活、慷慨大方、有创造性等良好品格；也有不少男生粗暴、骄横、任性、倔强、逞能好胜。女生的性格多文静温和、热情善感、细致耐心、自制力强，易形成学习踏实、关心集体、乐于助人、待人亲切、有礼貌、责任心强等良好品格；也有不少女生优柔寡断、自暴自弃、拘泥小事、心胸狭窄，性格脆弱。男女同学之间性格之所以有差异，其一是生理原因：男生大脑右半球处理空间信息能力要早于女生，而大脑左半球在支配语言能力的发展上，女生又早于男生。在青春发育期，男女生的生理成熟所显示的差异也会对他们的性格差异带来一定影响。其二是环境影响：学校教育、家庭环境及传统习惯，会使女孩子理解力和逻辑思维能力发展缓慢，学习精力不足，产生自卑感，与男生相比，在中学就显示出了更大的差别。

　　男女生性别差异对他们个性学习方法的形成有较大影响。中学阶段的男同学多数采用了兔型学习法和外倾型学习法，而女生多半运用龟型学习法和内倾型学习法。总体研究表明，男女生的平均成绩在中学时期并无明显差异，但男生中成绩最优和最差的比例均高于女生，而成绩中等者，则以女生为多。这说明女生智力发展较男生均匀。

掌握和运用科学的学习方法时，需要一定的自制力。特别是纠正一些不良的、已经形成习惯的学习方法，更需要毅力和恒心。有的孩子有掌握科学方法的愿望，但在运用过程中往往因意志薄弱而半途而废，造成有目标无结果，有计划无行动。在学习上跟着感觉走，自然要省力得多，但学习效果也会糟糕得多。这时可以请教师和家长或同学多鼓励、多督促、多提醒，依靠外界力量来克服意志薄弱的问题。

语文得高分的策略与技巧

学习方法可谓五花八门，不同的课程有不同的学习方法，不同类的问题之间又会有不同的学习方法。这里，我们从一些最基本的问题出发，讨论学习语文的主要方法。

1. 努力记诵

学习语文是一个积累的过程，不可一蹴而就，只有长期的积累才能使语文学得更好。积累需要大量的阅读与背诵，好的书籍或文章不仅能丰富知识，还能陶冶你的性情。不过，不能只是读，还要思考，我们应准备一个记录与摘抄的本子，在阅读过程中将遇到的好句子抄下来，并不时地看看，让它们变为自己的东西。当遇到疑点、难点时，也要记下来，与旁人讨论，听取别人的看法。这样才会有所长进，水平才会提高。

记诵法是学习语文的重要方法之一，尤其是在小学阶段。这种方法长期为同学们所忽视，甚至曲解，认为记诵就是死记硬背而予以简单否定。其实，如果只停留于一般意义上的浏览，而对一些经典的、文质兼美的文章不花点工夫记诵，学习效果会收效甚微。相反，如果大量记诵经典作品，包括作品的语言、艺术技巧、思想内容等将会逐渐内化为自己的东西，所谓"熟读唐诗三百首，不会作诗也会吟"就是这个意思。

因此，有人提出，一名合格的中学毕业生应熟记一百篇优秀散文、一百篇经典文言文、一百首古代诗词。杨振宁先生在《光明日报》上答记者问，特别提到在小时候，父亲要求他背熟《孟子》全书的事，并认为自己从中受益匪浅，所以他很佩服父亲的高明。

读而不熟，就不能很好地把作者的语言学到手，古人强调"好书不厌百回读"，"读书百遍，其义自见"，需读到口舌生疮，熟读成诵，烂熟于心，就是这个道理。

记诵法对于文言文的学习尤为重要。现代人学习文言文缺少的是语言环境，而朗读甚至记诵正是"用自己的口代作者说出这番话，读者就好像作者，作者的语言也就好像成了读者的语言"，这样我们就能很容易进入作者创设的语言环境。有了当时的语言环境，也就能很好地理解词语的意义，从而读懂作品。

努力记诵吧，直到有一天，你敢问"谁比我能背书"！

2. 给文字插上想象的翅膀

对于记忆类的知识，如语音、字形、语义等应根据汉字是表意文字的特点，将音形义的知识结合起来。汉语中的多音字是许多同学难以掌握的，如果明白了义不同则音不同，以音可推义，以义也可以推音。再如，判别字形是否正确，给文字插上想象的翅膀，就可以依据这个字的结构和意义判别。如"拌脚石"还是"绊脚石"，就可根据其是形声字的特点，形旁是表意的，提手旁则表明与手有关，是"搅拌"的意思；绞丝旁表明与丝有关，是"缠绕"的意思，这样就能准确判断字形了。如不理解其基本意义，只是瞎猜，在实际运用中就会出错。"这部精彩的电视剧播出时，几乎万人空巷，人们在家里守着荧屏，街上显得静悄悄的"一句中"万人空巷"一词使用错误，就是因为不理解其基本意义。"万人空巷"是指家家户户的人都从巷子里出来了（多用来形容庆祝、欢迎等盛况），而这里望字生义，把"万人空巷"理解为"街上没有人了"。

3. 用头脑读课文

读课文十分重要，是语文课堂教学的重要内容。

刚上小学，有不少同学不会读书，认为读书就是念字。因此有必要下一番功夫，学会从整体到局部，再从局部到整体，有规

为什么学霸都是方法控

律地读课本。

　　读，可以培养语感。语言学习，很重要的一点就是培养语感。"这个语段中为什么用这个词而不是用那一个""这个句子为什么是一个病句"，很多时候，我们无须去问"为什么"，语感早已经告诉我们理由了。而语感的培养就来自平时点点滴滴的"读"的积累。读，是提高阅读理解能力的一个有效途径。这里所说的"读"，并不只是指把文章朗读或默读一遍，而是包括思考和识记等内容。读，应该是一个动口动脑动手的过程。学习一篇文章，需要从哪些方面入手？概括起来就是：弄懂"写了什么"的问题；弄清"怎么写"的问题；记忆文章中的精彩语段和词语。这三个方面其实就是在说动口、动脑、动手的问题。在读一篇文章的过程中，能够有意识地去解决好这三个问题，这才是"读"。也只有这样，才可以提高自己的阅读理解能力。读，也是一个积累语文基础知识和作文素材的方法。读多了，见识广了，在写作文的过程中，就不会感觉自己无话可说，写出来的文章也不会空洞干巴，而是洋洋洒洒，言之有物了。

4. 勿忘使用课本

　　学会使用课本是学习语文的必要条件，具体做法如下。

　　（1）读懂"课本说明"，明确学习目的、任务，了解课本的总体结构、读写听说的重点及自读课本的配置，明确本学期的学习任务、内容、要求、方法等。

　　（2）读懂"单元提示"，了解本单元的学习重点，掌握所提示的知识，确定学习的主要方法。

（3）学会使用"预习提示"，记住文体、文章的听说读写知识，确定阅读的思路和方法，利用工具书理解或掌握规定的字词。

（4）学会利用"自读提示"，记住有关知识，把握课文特色，制订自读的思路和方法。

（5）学会使用"课文注释"，注释分四类。我们需要通过注释来识记文体、文章知识和生字、生词；理解专门名词和不常用的词语；掌握常用的词语；对课本练习规定的造句的词语要熟练运用。

5.阅读训练自觉用

下面再介绍阅读技能的训练，在阅读课文的过程中应能自觉运用。

（1）朗读

朗读有助于深入体味文章的思想感情，有助于密切读和写的联系，也是培养语感的一种好方式。

朗读训练的质量大体有三个层次：

一是正确的朗读。读音正确，停顿适当，不加字不漏字。

二是流畅的朗读。正确把握语调（抑、扬、顿、挫）、语气（轻、重、缓、急），连贯地读下来。

三是传神的朗读。熟练地运用语音和表情，表达出文章的风格和神采。

　　　　　　　为什么学霸都是方法控

（2）默读

读时不动唇，不出声。默读与朗读比较，不仅速度快，往往理解也深些。读时要批注，不动笔不读书。传统的阅读方法就是一边读一边在文章上圈圈点点，勾勾画画。

（3）精读

精读对象主要是教材上的基本篇目，它们大都是文质兼美的文章。

精读的步骤大致如下：审题；辨文体；标节码，勾生字，查工具书，读注解；解新词；写提要；理层次；记段意；明中心；质疑；评写法。

上述步骤可因阅读目的不同而有所侧重，但整个过程非一次阅读可以完成，需要反复咀嚼，体会揣摩，直到发现文章的特性，发掘出其中的丰富蕴意。

（4）略读

略读的特点是"提纲挈领"，把握文章的基本内容、思想和技法。

略读并不是容易的事，读时要舍去细枝末节，把握重点词、句、段，抓住主要材料、主要表达方式，从中概括重要之点。

6.识字大王就是我

要记那么多汉字也不是一件容易事。如何掌握记忆汉字的一些技巧和方法，成为识字大王呢？下面总结的这五种方法应该对你会有所帮助。

（1）字谜法

有些笔画复杂、难记易错的字可编成形象生动且有趣味的字谜。经常猜一些字谜，动脑编一些字谜，就可把字形记住。用时想起字谜，就不易写错。一些字谜常使我们百思不得其解，但一经老师或同学的点拨，就会永世不忘。如：

加一半，减一半。（喊）

一人牵着一只狗。（伏）

十一点进厂。（压）

两只狗，草底走。（获）

廿字头，口字中，北字两边分，四点下面蹲。（燕）

（2）歌诀法

把一些易错易混的字编成儿歌或顺口溜，读来琅琅上口，细想妙趣横生，便于记忆。一般有下面几种。

单字歌诀。如王二小，白胖胖，屁股坐在石头上。（碧）衣字上下分，果字中间蹲。（裹）

易错字歌诀。如"中一"贵，"酉己"配，纸字无点才算对。

易混字歌诀。如己（jǐ）开已（yǐ）半巳（sì）封严，谁要写错惹麻烦。戊（wù）空戌（xū）横成（shù）变点，撇横相交戎（róng）装换。

（3）拆字法

把一些难记易错的合体字，分拆成几个部件，就可以化难为易，比较好记。如：

赢——亡口月贝凡

德——双人十四一心

掰——手分手

罚——四言立刀

（4）加减法

有不少汉字形体相近，它们加一笔或者减一笔，就变成了另一个字，记住了这些加减变化，也就记住了这些字的细微差别，用时可避免混淆。

如免字加一点变成兔字（一点为兔尾巴）。

幻字加一撇变成幼字。

折字加一点变成拆字。

鸟字减一点变成乌字（一点为鸟眼睛）。

享字减一横变亨字。

拢字减一撇变成扰字。

（5）找规律法

一些字认起来容易，但写起来常常出错，写不规范，可以按字音和字形特点，找出一般性的规律，加以区别，用时就不易写错。

按字音找规律区别。如区别仓、仑作部件构成的字，可按下面读音规律来记忆：

韵母是 ang，声旁从仓。如枪、苍、创等。韵母是 un，仑部构成。如轮、抡、囵等。

又如区别用令、今作部件构成的字，可按这样的规律来记忆：声母凡是小棍I，令字一点不可掉（如领、拎、零、玲等）。

声母不是小棍I，今字必定其中坐（如念、琴、贪等）。

按结构找规律区别。如区别圣和圣构成的字，可按下面规律来记忆：只有怪字右为圣。其他的字均为圣（如径、茎、轻、经等）。

又如由部件刍组成的字，中间一横出头不出头，可这样记忆：无笔穿过不出头（雪、灵、急、皱），有笔穿过冒出头（尹、唐、争、建）。

按规范书写找规律。如小字在上不带钩（尖、省、肖），小字在下钩不丢（京、尔、叔）。

又如：一字不写两笔捺，一捺写点顶呱呱（从、秦、漆、黍、癸等）。

需要指出，这些方法都只能是一些辅助方法，要真正掌握汉字，还是得多看、多写、多用。

7. 语文就像一首歌

学习语文就像学一首歌，你相信吗？

那些易混淆，难记忆的知识，把它们变成歌诀，会是一件多么愉快的事情啊！

别急，现在就把语文基础知识四部分的歌送给你，要注意听啊，因为这些歌都是喜闻乐见，通俗易懂，言简意明，便于背诵的啊！

（1）词汇部分

同学们对实词的学习一般不感到困难，因为实词确有所指，有实在意义，便于理解；而虚词没有具体意思，只能帮助实词造句，因而就感到难以理解，有时还容易混淆。针对这种情况，编了"虚词歌"，让学生记忆：

虚词没有具体化，

帮助实词能造句。

虚词六类要记清，

"副、介、连、助、叹、拟声"。

副词：副词是用在动词或形容词前边，表示动作行为或性质状态的程度、范围、时间、连续重复、肯定否定、情态、语气的虚词。

副词用在动、形前，程度、范围与时间，

连续重复肯、否定，情态、语气都表现。

介词：介词是用在名词或代词前边，组成"介宾短语"，表示时间、处所、方向、对象、原因、目的等的词。

名、代前边介词用，"介宾短语"就组成。

方向、时间和处所，原因、目的、对象明。

连词：连词是连接词和词、短语和短语、句子和句子，甚至段落和段落的词。

连词作用是连接，顾名思义好理解。

助词：助词是附在词、短语或句子的后边，表示结构、时态、语气的词。

助词常附词、句后，时态、语气和结构。

时态助词"着了过"，"啊吗呢吧"语气助，

结构助词"的地得"，"的字短语"弄清楚。

叹词：叹词是单独用来表示强烈感情或呼唤应答的声音的词。

叹词强烈感情发，表示呼唤与应答，

"哎呀哼呸咦哈哈，唉嗯喂啊哦嗨呀"。

拟声词：拟声词是模拟人或事物声音的词。

描摹声音即拟声，"淙淙潺潺轰隆隆，

嘁嘁喳喳哗啦啦，琅琅呼呼叮叮咚，

噼里叭啦汪汪汪，叽里咕噜砰砰砰"。

借助歌诀不必费很大气力便可将"虚词"记住，既明白了各个虚词的定义，也掌握了常用的虚词。如果再对照例句加以巩固，还可收到事半功倍的效果。

（2）病句部分

同学们在作文中经常出现一些病句，为此编成"常见病句歌"和"修改病句口诀"。

常见病句歌：

成分残缺要注意，缺主缺谓缺宾语。

搭配不当有三类：主谓、动宾和修饰。

词序颠倒位置错，结构混乱不达意。

词类误用和滥用：实虚关联形容词。

指代不明意含混，重复累赘倒主次。

比喻不当相矛盾，不合情理与逻辑。

修改病句口诀：

先看主干再看枝，要把原文细分析。

成分搭配与结构，用词比喻及情理。

对照病类细审查，语法逻辑都顾及。

一看二审三修改，多就少改保原意。

同学们只要记住"常见病句歌"，再对照典型例句，就不难发现病句；发现病句后，再运用"修改病句口诀"，对症下药加以改正。用这种方法进行训练，修改病句的能力就会很快提高，文章中的语病就会大为减少。

（3）作家作品

古今中外范围较大，比较难记，把重要的作家和作品介绍编成诗歌的形式，学生们普遍反映这种作家作品歌"好读、好记、好掌握，少花时间收益多"。例如对孔子和《论语》的介绍：

孔子（前551—前479年）

姓孔名丘字仲尼，春秋末期生鲁地。

思想家和教育家，儒家学派他创立。

相传弟子三千人，七十二贤通"六艺"。

私人讲学开先例，"有教无类"讲"仁""礼"。

《论语》

《论语》共有二十篇，曾参和他弟子编。

儒家经典语录体，孔子言行记里边。

再如对茅盾及其作品的介绍：

茅盾（1896—1981 年）

茅盾原名沈德鸿，笔名茅盾字雁冰。

浙江桐乡乌镇人，现代作家很著名。

创立"文学研究会"，领导"左联"亦有功。

代表作品是《子夜》《春蚕》《秋收》和《残冬》，《幻灭》《动摇》及《追求》，《林家铺子》是小说，《清明前后》是剧本，《夜读偶记》是评论。

作家作品歌再附以简美的说明，理解记忆就很方便，只要很短时间就可以记住作者和作品的介绍。

（4）文言虚词

同学们在学习古文时，对文言虚词感到难以掌握，所以文言虚词就成了一个难点。针对这种情况，把常用的文言虚词经过归类整理，按照它的词性和用法编成"文言虚词歌"。如"之"字，在文言中用得最普遍，它既可作助词，也可作代词，还可作动词，同学们记起来困难。但把它编成歌诀，只短短的几句就可概括其词性和用法，孩子们说："记住几句诗，学会一个词，何乐而不为。"

"之"字歌

"之"作助词等于"的"：永州之野产异蛇（助词"的"）。

主谓之间不翻译：孤之有孔明，犹鱼之有水也（主谓之间，取消句子独立性）。

取消句子独立性：媪之送燕后也，持其踵而为之泣（前"之"

同上，后"之"代女）。

提宾凑音缓语气：宋何罪之有（提宾）；会拜谢起，立而饮之（凑足音节、舒缓语气）。

代词相当"他、她、它"：陈胜佐之（他），并杀两尉；巫妪何久也？弟子趣之（她）；驴不胜怒，蹄之（它）。

"这样、这种、这件事"：以君之力，曾不能损魁父之丘（这样的）。

8. 循序渐进妙趣多

一本字（词）典、一份报纸（杂志）、一部中外名著、一篇好文章、一个笔记本，都有很大用处呢！例如：

（1）每人准备一本字典或词典

俗话说："字典是不说话的老师。"如果每个学生都准备一本字典随时带在身边，那么就等于身边多了一位老师。这位不说话的老师随时教你拼音、识义、辨别字形，学会查字典，经常利用字典，对同学们的语文学习会很有帮助的。

（2）订一种报纸或杂志

订一种报纸或杂志，对培养同学们学习语文的兴趣大有益处。比如一些办得好的报刊大多有针对性，而且集知识性、趣味性于一体，文章活泼而又风趣，信息量大，很受欢迎。试想：如果每一个学生都坚持订一种杂志或报纸，那么全班至少有 30 ~ 40 种报刊在班上传阅，良好的课外阅读风气就会形成。

（3）每学期读一部中外文学名著

课外阅读有一个误区：男孩子喜欢看武打小说；女孩子喜欢看言情小说。如果看一两本倒没有什么大的危害，多了则会入迷，危害甚大。针对这一情况，中学生应该每学期读一部中外名著。名著作为中外文化的精华，无论是内容还是其表现手法，都远远超出通俗小说。比如我国的《红楼梦》《西游记》，外国的《堂·吉诃德》《鲁滨孙漂流记》，其鲜明的人物形象、丰富的想象，都令人过目难忘。

（4）每天读一篇好文章或一首诗

知识面窄使许多同学对作文产生一种恐惧感。应提倡坚持每日读一篇好文章或一首精美的诗。古今中外，名篇佳作，数不胜数。只要有毅力，愿意读，好文章或精美的诗尽可大量阅读。关键在坚持。

古人说得好："熟读唐诗三百首，不会作诗也会吟。"只要肯读、会背，一年下来，一二百篇文章下肚，写起文章来再也不会搜肠刮肚、愁眉不展了，取而代之的是兴味盎然、充满自信。

（5）准备一本课外笔记本

光看、光读还不够，还要多写、多记。再精彩的段落，再美妙的诗篇，天长日久，也会慢慢遗忘的。俗话说"好记性不如烂笔头"，为了使所学的知识较长久地留下来，因而，应提倡除了课堂笔记本外，每人还要准备一本课外笔记本，专记在课外阅读中的精妙格言、警句，有启发意义的段落，有韵味的诗及自己的心得、体会。坚持一学期下来，往往有厚厚的一本，既有名言，又有诗句，还有自己的心得体会，可谓"百宝箱"，捧在手里，心里是从未有过的充实。

数学原来可以这样学

1. 数学并不难

在我们的学习中，你是不是感觉到最难的学科是数学？当然了，很多同学都因为数学成绩不佳，而把数学看成最头疼的学科。甚至有的同学从小学开始，就已经准备放弃数学，这样导致的偏科现象，将是以后永远不可弥补的，所以千万不要以为数学很难，不要放弃它！

学习数学需要以基本知识和原理为基础，并具有解决问题的能力和探索的能力。因此，要想学好数学，首先必须理解一些基本概念，学会分析图表等资料，以此来推理出结论。另外还有一点也很重要，就是能够把到目前为止学过的原理和方法应用到解决具体问题的过程中。

很多同学并不是因为智力或其他因素学不好数学，而是在第一步没有解决好基础概念的问题，导致学习困难。

那么，因为缺乏基础而学不好数学的同学，是不是永远也学不好呢？这些同学应该怎么做，才能补好基础呢？其实，从现在开始努力，一点也不晚。

大家完全不必觉得打基础是件很困难的事情。其实很简单，就是多做题，基础自然慢慢就建立起来了。只要做些简单的题就可以了。现在的课本中，有很多简单的数学题目，可以从这些简单的题目开始。做过大量的习题之后，基础就会逐渐坚实起来，你慢慢就会具备解难题的能力。

数学学得好的同学，大都在小学三年级就会做四五年级的题了。这是很正常的。只要把一年级到三年级的定理和公式都记住了，谁都可以这样。通过这样的学习，还可以增强自信心，获得成就感。

对数学来说，解题的过程比答案重要得多。就算答案错了，也一定要弄清楚到底是哪个中间环节出了错。只有这样，数学水平才会提高，学习起来才会有更大的兴趣。

学习数学，除了用功外，最重要的是用心，要多用自己的智慧去思考，而且不要孤立思考。只有想得深入，才能做到举一反三，当你真正做会一道题，真正理解一道题的时候，与此类似的题就都可以迎刃而解了！

2. 概念理解要正确

概念是进行正确思维的前提和依据。没有明确的概念作基础，逻辑思维将是无源之水、无本之木。概念不清就会思维混乱，必然导致计算、推理发生错误。要学好数学，首先要正确掌握、深刻理解各种重要的数学概念。可以从以下几个方面多下功夫：

（1）从文字上仔细领会

数学概念都是用文字来表达的，且文字精练、简明、准确，所以对有些数学概念的辨析简直需要"咬文嚼字"。

例如，"数列中从第二项起，每一项与前一项之差都等于常数，则此数列称为等差数列"。这个定义粗看起来似乎是对的，仔细一想就会发现问题，应将"常数"改为"同一个常数"。否则"3，5，6，9…"不也成了等差数列吗？因为它们的"差"分别为2，1，3…都是常数。

（2）从正反面反复比较

为了对概念作进一步理解，还可进行正面辨析和反面比较。以"角"的概念为例，中学阶段出现过不少种"角"，如直线的倾斜角、直线与平面所成的角、复数的辐角主值等。它们从各种定义出发，都有一个确定的取值范围。

如直线与平面所成的角，是"平面的一条斜线和它在平面内的射影所成的锐角，叫作这条直线与这个平面所成的角"。反过来说，如果不规定"锐角"就不是唯一的了。这样就很容易发现斜线和它在平面内的射影所成的角有两个，一个是锐角，另一个是钝角。

（3）从特例中验证

对概念理解产生偏题的常见病之一是"忘记特例"。

例如，"任何数的零次幂都等于1"这句话是不对的，因为零的零次幂无意义。

"经过球面上任意两点一定可以作唯一的大圆。"这句话粗看起来没有什么错误，因为球面上两点和球心一般只确定一个平面，但当这两点和球心在一条直线上时，就可以做出无数个大圆了。

（4）从条件的限制加深理解

对概念的理解产生偏颇的常见病之二是"忽视条件"。如果忽视了条件，就会曲解题意，使结果面目全非。

3."高手"支招

在很多人眼里，数学是一门很复杂、很难学好的学科，尤其是对那些自信心不强的人来说，聪明的大脑和敏捷的思维成为学好数学不可逾越的障碍。

其实，这只是一种片面的认识，聪明和敏捷对于数学学习来说固然重要，但良好的学习方法则更显得必不可缺，因为良好的学习方法可以把学习效果提高几倍，这是其他先天因素不可比拟的。

要想学好数学，培养良好的数学思维尤为重要。培养良好的思维主要有两方面，一是逻辑思维，一是空间思维。这两种思维都要从小开始培养，比如做一道数学题，每一步都要多问几个为什么，不能只满足于老师课堂上的灌输式传授和书本上的简单讲述。要想提高，必须一步一步推，一步一步想，每一个过程都是必不可少的，都是要有其逻辑根据的，一步接一步，一环扣一环，步步不可少，环环不可缺，这在无形之中也就培养出了数学思维，其实这不仅对数学的学习，对你以后一生的学习、工作都是大有益处的。

4.推理能力常锻炼

不知道你有没有意识到推理能力的重要性，推理能力在你阅读侦探小说的过程中，会得到很好的体现。它打破了我们以往的思维方式，不再是由原因到结果的思考方式，我们所说的推理，是由结果倒推过程，是不是很特别呢！

很多同学开始学习时，先打开参考书，而不使用推理能力，他们大都靠死记硬背来学习。一旦养成这种习惯，无论在考试中还是平时的学习中，只要遇到疑难问题，他们就会轻易放弃，甚至产生厌学情绪。

那些不依赖参考书，完全靠自己的力量去解决难题的同学，每解出一道难题，就会有很大的成就感，这又进一步增强他们的学习兴趣。

另外，推理能力也可以开发思维。人的思维往往偏向于经常思考的问题。经常想一件事情，在这方面的思维能力就肯定能得到提高。

那么大家平时多想想，怎么才能更好地学习呢？让思维能力偏向这个方面，慢慢就会找到好的学习方法。

另外，当考试中遇到不会做的数学题时，千万不要马上放弃，多运用推理能力，或许就能找到答案。就算这次考试没有做对，下次遇到类似的问题也绝不会再错。

5. 方法其实就是规律

有位成绩优异的学生这样说道：

"有的同学问我：'我觉得自己的智力水平在班里算不上突出，现在成绩又比较靠后。你说我有可能在这一年，甚至半年之内赶上去吗？'

"每当这时，我总是斩钉截铁地对他说：'能，一定能！'

"因为在我们那个26人的集体中，有着许多天分很高的同学，与他们相比，我的智商是不具备太强的竞争力的。要说刻苦，其实那时候我们大家整天在一起上课，在一起自习，晚上十点钟一熄灯又得上床休息，即使想要'头悬梁、锥刺股'也找不着地方。因此，我把自己的进步归于方法，也就是规律。"

课堂上的45分钟抓得好，绝对能收到事半功倍的效果，并且能逐渐培养起自己强烈的求知欲。相反，如果我们不能从思想上给予充分的重视，那么这短短的45分钟又绝对是转瞬即逝，落下的知识也许自己当时并不觉得，但往往是今后许多日子想补也补不回来的。

大家都知道上课听讲应当全神贯注，但有一个关键的问题要注意：千万不要被动地一味接受知识，被老师牵着鼻子走；而应该在听明白的基础上，积极地思考。你的大脑应该像机车里的飞轮那样始终不停地飞快旋转着。你可以经常考虑一些问题，比如说：老师现在讲的内容和前面有什么联系？他讲的新定理、新理论能立刻用来解题吗？该怎样用……尤其是在讲例题或习题的时候，你所要做的绝不是目不转睛地盯着黑板，虔诚地等着老师开口讲题，最好能在老师抄题的时候你就开始思考，在他抄完的时候你就开始做题，即使做不完，能想出一个方法也是好的。然后再看看老师用的是什么样的方法，比起你的又如何。如果老师要开始演算解题了，这时千万不要傻傻地看着他一步步把答案写出来。自己一定要亲自动手算一算，哪怕是很简单的几步也好，这样，假如自己的运算过程有错的话一眼就能够看出来。而且，如果你发现自己的方法比老师的还简洁（很有可能），或者自己推导的过程既干净又漂亮，你会觉得学习这件事竟然充满着这么多的乐趣，那种感觉真的很棒！只要你每一堂课坚持这样去做，经过一个月，你的思考能力、计算能力一定会有进步，你的"实力"一定会有提高。

人人都认为填鸭式的教学方式枯燥无味，希望老师的讲课能有更多的启发性。可是，如果我们能够主动地支配自己的大脑，主动地在课堂上发现、分析和解决问题，你就能够做课堂的主人，在枯燥中发现乐趣，在困惑中找回信心。在你对老师的授课水平感到失望的时候，你自己听课水平的提高无疑是为你的体内注入一剂强心针。

解惑释疑、传道授业，这些主要都是通过课堂来解决的。课堂中，通过聆听老师讲课，不仅能够学到知识，而且还能开发智力，提高能力，掌握方法，养成良好的思维和学习习惯。

小学时代，学生在课堂上听老师讲课是一天学习的主要内容，老师的传授是知识的第一来源。课堂学习是不可替代的学习的基本形式，它的高效也是任何其他形式的学习所无法比拟的。

6. 学数学有方法

这里介绍几种数学学习过程中常用的方法：

（1）分类法

分类法是一种重要的数学思想方法，在数学教材中分类思想的应用比比皆是：有理数的分类、直线位置关系的分类，等等。

正确完整的分类应该满足下列原则：按同一标准分类；没有遗漏；没有重复。

如果有理数分为正有理数和负有理数，这就遗漏了既不是正有理数，又不是负有理数的有理数"0"。

善于分类，能帮助我们把纷繁复杂的材料或研究对象条理化、系统化，形成简化的、有效率的思维方式。

（2）归纳法

通过对若干特殊、具体的情形进行分析，得出一般结论的思维方法叫归纳。归纳是人类思维的最基本的方法之一。归纳推理是数学中常用的重要的思维方法，它通常有两种形式：不完全归纳法和完全归纳法。初中数学应用的归纳方法大多是完全归纳法。

比如，观察下表中的运算结果：

a	a^2	a^3	a^4	a^5	a^6	a^7	……
3	9	27	81	243	729	2189	……
–2	4	–8	16	–32	64	–128	……
0	0	0	0	0	0	0	……

由上表可以推知：

正数的任何次幂都是正数；

负数的奇次幂是负数，偶次幂是正数；

0 的任何次幂仍得 0。

（3）背诵法

日本一位数学家曾说过这样的话："不需要创造力，也不需要分析力。只要把问题的题型背起来，然后套进去做即可。"拿实际状况来说，上过补习班的学生解答复杂算术问题的能力确实强得惊人，但这并非他们的脑筋特别好，而只是因为他们记住了问题的题型和解法。数学也可以说是背诵的科目。背诵法尤其适用于数学考试前的复习阶段。

学校的数学并不要求学生创造新的数学理论，只要理解以前的数学家所建构的体系即可；而考试也只是在考学生能否正确地理解这些体系，并要在规定时间内解出答案。

数学公式虽然要背，但并不是一开始就囫囵吞枣地背下来，那样机械性的公式、系数和符号就容易变得模糊，最好先把公式的推导法记住。

7. 今日事，今日清

尽快尽早地解决课堂上遗留下来的疑难问题。所谓"及时复习"，就是应该做到：首先，趁热打铁，当天的知识当天消化。如果自己苦思之后仍有不明白的地方，要主动地向老师请教或和同学讨论，绝不能让问题积少成多。其次，如果这一天还有剩余的自习时间，应尽早地开始写作业，即使只做一部分也是好的。如果你总能先走一步，赶在别人的前面完成作业，你就能逐渐在心里树立起一份自信，并且对于培养自己对这门课的兴趣也是很有好处的。第三，利用周末的时间，完成剩余的作业。第四，在每一章结束的时候，应拿出足够的时间来把这一部分的内容做一个系统的复习。只看一遍书和笔记，完成书上的练习题是不够的，应该在课外的参考书中，找出一到两份难度略有提高的思考题，自己测一测自己。

像学习母语那样学习英语

1. 学好语音，打好基础

任何语言都是首先以声音来作为交流思想的工具，英语也是如此。在英语中，语音既是一门专门的知识，又与单词的拼写、构词法及句子的语法都有着密切的联系。在实际的学习和使用中，语音的缺陷往往会影响到词汇的记忆,更会影响到在实际语言交际中的表情达意,因为听力和口头表达能力都是以语音为基础的。学好语音语调是打好英语基础的关键。语音语调学好了,记忆单词、输入句子、英语朗读、提高口语、进行阅读写作都有了坚实的基础。所以,学习英语必须从学习语音开始,掌握了一定的语音知识,也就拿到了打开英语大门的钥匙。

英语与汉语属于不同的语系,在语音上与汉语存在很大的差异,这些差异给我们学习英语语音带来了一定的困难。如英语的元音有长音、短音之分,而汉语中则不明显。因此,我们在学习时,常常是长音发不长,短音发不短;英语中的连读,是简化发音动作、提高语速的一种手段,而我们读汉字习惯一个字一个字地朗读;英语中还有一些音在汉语中没有对应的音,我们在发这一类音的时候,往往发不准,或者用汉语中有些相似的音来发,由于发音的部位不同,所以发出的音不准。

那么,语音的学习有哪些要领和方法呢?

(1)准确模仿

我们学习英语语音,主要的途径是在听清老师的发音或英语录音的基础上,进行反复模仿。听是语音学习的第一步,必须要听得清楚明白、准确无误,听不准音就谈不上模仿、学习正确的语音语调。很多同学发音不正确的原因之一,就是没有听清、听准。必须在听清、听准、听熟的基础上反复练习。

当然,练习还需要一定的理论指导,就是要弄清楚每一个音的发音部位和发音方法。有时候，一个音明明听清、听准了，自己却怎么也发不对，这就是因为没有掌握发音的部位和方法，尤其是汉语中没有的语音，要注意把外语和汉语的发音作比较，找出发音的困难所在。领会和掌握发音部位和要领后，再进行模仿练习。如摩擦音［θ］的发音部位和发音方法是：将舌尖放在上下齿之间，让气流通过舌尖和上齿之间的缝隙，然后发［θ］。

（2）对比学习

学习发音时，还可以通过对相似的语音的对比来掌握发音的要领，把握发音的限度。如很多初学者分不清［e］和［æ］的发音之间的差别，可以通过对二者的发音方法进行比较来区分：发［e］时，上下牙齿之间可以容下一指宽的距离；而发［æ］时，上下牙齿之间可以容两指宽的距离。这样在练习的时候就有了大致的标准。

对比还可以通过汉语语音与英语语音之间的对比来进行。如汉语中的一些声母 b、p、m、f、d、t、n、l、g、k、h、s、w 等，去掉了后面的韵母后，就与英语的辅音［b］、［p］、［m］、［f］、［d］、［t］、［n］、［m］、［l］、［g］、［k］、［h］、［s］、［w］等音相同。通过这种比较有利于了解英语发音与汉语发音的异同点，能够从对比中掌握规律，获得模仿的主动权。

（3）语境练习

在实际的交往活动中，听、说、读、写不是以孤立的音素和单词为单位进行思想交流的，而是以综合的句子和更高一级层次

为什么学霸都是方法控

的话语为单位进行的，孤立的音素和单词的发音在综合的语流中运用会产生很大的变异。如连读、弱化等影响。应该在语流中进行语音教学，在整体的句子里学习英语语流现象，才能真正学好语音。

现象语音是通过句子把英语语音中所有的现象，包括音素、拼读、重音、弱读、节奏、停顿、声调等统一起来进行的学习。在这个过程中，不仅要练习发音、拼读，而且要培养对英语语调中的一系列特殊现象，包括语流中的连读、同化、弱化等综合掌握及运用的能力。

只有将音素、拼读等单项语音学习与实际的语境结合起来，在真实的语境中学习英语语音、语调，才有利于获得英语语感，掌握正确的语音、语调。

2. 用英语做梦

有人说过：当你开始用英语做梦的时候，你才真正了解英语。不知道同学们有多少人有过在梦中与人用英语交流的经历，但人们对于英语的执着与向往却从未停息。作为一门语言，英语是传情达意、交流思想的工具，它有着不可替代的社会功能。语言能力包括"听、说、读、写"，这四者又是环环相扣的，少了哪一环节都会使语言能力大打折扣。这是一项综合的能力，它不仅体现了"怎么说""怎么做"，还体现了"怎么想"。

自身的努力更是至关重要。一开始，总是"犹抱琵琶半遮面"地说不出口，脑海中出现一个中文词汇后苦于找不到表达其意的英语单词，所以一句话说了上半句却来不及跟出下半句；有时找到了适当的单词，却又在脑中转着：怎样组词成句，千般小心地避免语法错误。这样一来，本想表达的意思自然失去了魅力，即使说出口也只是最简单的句子，干巴巴的没有韵味。只有让自己多开口，大胆地参加许多活动，英语演讲赛、英语辩论赛，去英语角，主持英语俱乐部，找各种机会与外籍人士练习对话。不知不觉中，心理上的一道屏障就被攻破了。

许多人急于练口语，把工夫只花在嘴上，结果收获甚微。其实，头脑的功夫是不可省的。口语的最大障碍其实是思维方式的障碍，我们往往用中文思考，用英语表达，头脑起了"翻译机"的作用，多转了一弯就造成了许多不必要的耽搁，也抹杀了语言本身的纯正。于是，当我们第一次有了用英语说话的梦境时，心中便充满了胜利的喜悦。

任何一门语言都是精妙的，我们要学习它、欣赏它、驾驭它并非一蹴而就的事。学语言贵在坚持，古人说得好，一日不学，百事荒芜。有耕耘就一定会有丰硕的果实。学习英语也是如此。

3. 身体各部动起来

语言的学习，离不开反复的练习。口语的练习就是其中很重要的部分。英语也是一种交流的工具，如果只能读写而不能说，显然无法起到它应有的效果。而流利的口语只能来自多说。在学习的过程中，我们很容易发现，积极发言的同学往往口语较好。除了利用课堂上的机会外，课余时间也要多练。平时有空，多和同学用英语交谈。结英语对子是很好的办法，边走边交谈，既节省时间，又可以互相指出错误，而且同学之间，能够谈论各种感兴趣的话题，也不会感到乏味。同时，多说不仅能提高语言能力，也有助于锻炼思维。想法在脑子里时往往是模糊的，唯有说出来才会变得清晰。要学会用英语思维，这样能节省两种语言之间的转换过程，这对英语学习是很有帮助的。

英语中的听、说、读、写四个过程总是相互促进的。除了多说还要多听、多读、多写。

英语学习也和其他学习一样，不光要用脑，还要用心。尤其是面对这样的语言，当你用心去体会、领略它的魅力时，你就会不自觉地为它所吸引，学习就成为一种很自然的过程，而绝不是负担。

4. 羞涩，就立即发言

所谓上口，就是指朗读与会话，或称为口头表达能力；练口语，首先提倡一个"抢"字，我们生活在汉语语言环境中，练英语口语的机会稍纵即逝。练口语，最忌讳"害羞"，怕讲错了被人笑话而羞于动口，永远也讲不出好的英语。练口语有以下几种方式：

（1）模仿。用相同的语音、语调、节奏跟着老师读或跟着录音读。模仿的先行步骤是听，听准了才能读准、说对。

（2）朗读。看着文字材料自己读，可看一句读一句，专注体会，以情统调，声情并茂。朗读时要注意连贯性，做到音、意、情融为一体。

（3）背诵。不看文字材料、不听录音，自己背出原文。背诵要在充分理解内容的基础上进行，而不是死记硬背。背诵可帮助积累语言和文化方面的素材。

（4）复述。学完一篇课文之后，将主要内容用自己的话讲出来，可改换人称和讲话角度等。对于同一内容尽量用不同的表达方式去讲述。

（5）对话。根据一定的情景进行双人、三人，甚至多人之间的对话交流，若情景有一定的故事性，还可配以道具进行表演。

（6）读图。根据图画、幻灯等进行问答练习或独白练习，可描述单幅图，也可讲述系列连环图。

（7）讨论。围绕课文中或日常生活中的某一话题展开讨论，提出鲜明的观点和有力的证据。

5. 像学习母语那样学习英语

对词汇的掌握不要局限于课本和考卷上的，更不要局限于为记单词而记单词。要记住单词所处的句子和语境，它就是在什么文章中出现的，要记住它意味着什么，而不要记它的意思是什么。从一种语言到另一种语言是很难精确描述的，只能去感觉和体会。用英语来理解英语，这是学英语的最高境界。就像我们学母语，开始我们并没有任何一种语言供我们参照，只有我们的感觉和习惯。我们是将一种一种的感觉、行动、事物与一个一个的词建立了联系，才将我们的母语脱口说出。因此，掌握一个词的感觉，就掌握了这种语言的一片领地。而且，无论任何单词在我们面前，我们都争取能读它、写它、把握它，而不是记忆、背诵它。因为我们的最终目的是学习一种语言，而不是应对考试。

有了大量词汇的积累，再多的语言难点都可以迎刃而解。

在这一过程中，同样也要注意三点：①充分利用书本完全掌握词汇，最好、最省力的方法就是将例句背得烂熟；②要反复记忆，背出单词后要找到一切可能的机会去加强记忆，记忆的牢固程度是和使用的次数成正比的；③永不停息，背单词的大忌在于背背停停，这样的效果是最差的（虽说比不背好），一旦开始背就要天天坚持，不要刻意追求数量，要注重背单词的连续性和背单词的质量。另外还要加强词义归类，总结常用词的习惯搭配，这对自己水平的提高和应试都是有帮助的。

6. 温故而知新

对已有的知识经常复习，经常使用，才能有所积累。对于已有的知识，只有应用于生活中才能得到巩固，这也是唯一的途径。比如在记忆单词时，某一个生僻词初记简单，可只要一段时期不用，必会退出你的单词序列。就要求你有持之以恒的精神，勤动笔，多开口，在实践中不断进步。

生活在中文的环境中，要想使英语口语能力提高，就要有坚定的信心和坚强的意志，并且不能坐等机会，要积极为自己争取每一个机会。

比如看到各种英文标志，我们可以记录下来，梳理一下我们脑海中的词语积累，争取温故而知新。

7. 给阅读提速

多读简单的英语课外读物（特别是假期）。很多人以为自己外语水平已经相当"高深"了，常常拿英文原著来读，结果是读不到 10 页，就在一片枯燥与茫然中放弃，因为有太多词不认识，有太多即使简单的句子也不理解。应该只找简单的读物来读，发现自己慢慢地对原著也能知其原味了。其实，这跟我们小时候看童话差不多。可能有些字我们不认识，但总体上很简单，情节又很吸引人，于是我们就一本一本地读下去了，我们的知识、理解力也就慢慢增加了。试想一开始就拿一本哲学专著给你看，你能看下去吗？多读一些简单的英语读物，就是将英语中最常用的也是最精华的部分在我们脑海里活化，就是学会慢慢地用我们熟悉的词汇去领会、把握那些掺杂其间的我们不熟悉的字词，并能从情节中体会到我们学习外语的乐趣！

总的来说，语言是一种积累的功夫，日积月累，方能出口成章。

8. 用英语学习其他知识

英语学习可以与个人兴趣、专业方向紧密结合，相互促进。这种学习方法特别适用于那种对英语没有多大兴趣，但对某一学科或某一事物有着浓厚兴趣和爱好的孩子。

比如说，一个对中国历史有着浓厚兴趣，可对英语却无多大兴趣的同学，读一些用英文写的介绍中国历史的书，这些书一般内容都很浅，互相促进，互相学习，既学了外语，又增长了知识，何乐而不为呢？

第二章

为什么学霸的时间总够用

——掌控学习，从掌控时间开始

当个时间"大富翁"

有时候，你会不会有一种无力感，想要做的事又没有完成，许许多多的安排让你手忙脚乱，而没有时间去从从容容地做一件事情呢？那时候，你是不是想当一个时间"大富翁"，拥有好多好多的时间呢？

鲁迅先生说过："时间就像海绵里的水，只要愿意挤，总还是有的。"我们的时间和精力都是有限的，每天都有许许多多的事情在等待我们去处理，我们不可能对每一件事情都一视同仁，否则，胡子眉毛一把抓，肯定时间不够用。

那么，我们应该怎样优化时间？怎样从有限的时间和精力中得到最高的效率呢？以下方法不妨试一下。

1. 以分钟计算时间

想一想，有一天在梦中发现自己拥有了好多好多的时间，真正地成为一个时间"大富翁"，不用担心作业做不完，计划完不成了，这样的感觉是不是很棒？如果你想要在生活中也能成为时间"大富翁"的话，你首先要有的是：紧迫感！

为了让自己产生紧迫感，你可以把小时换成分钟！半小时换成 30 分钟，学习起来就会有争分夺秒的感觉。

心理学家说，用分钟来计算时间的人比用小时来计算时间的人，时间多出 59 倍。

平常就养成限定时间来学习的习惯，你能赢得比别人多 59 倍的时间啊！你就是个时间"大富翁"啦！

时间对每个人都是平等的，换个时间观念，你就能多做好多事情。养成限时做事的好习惯，你就不会在考试时担心时间不够，做不完题啦！

2. 分清主次

一个有效率的人应该根据事情的重要和紧迫程度，把每天要做的事情排列出来，然后再有序地完成。例如，明天要进行语文考试，今天下午有球赛和英语口语训练，晚上要陪妈妈散步。这四件事在等你完成。很明显，首先，你应该花大块时间复习语文，准备明天的考试；其次，若还有时间，接下来应该去练习口语；至于踢足球的事可以缓一缓，而去公园散步则可去可不去。

不管每天有多少事要做，你都一定要把事情分类，那些既重要又紧急的事情才是你应马上行动、花大块时间来完成的事情。计划一下你要做的所有事情的时间顺序和时间长短，列出主次大小，严格按照计划行事，计划一次完成的事情一定要完成，不要拖延。而且，在时间有限的情况下，记得分清主次，先解决最主要的困难，再完成其他的任务，这样时间就可以相对来说，得到最大限度的利用。

3. 充分利用状态最佳的时间

每个人的生物钟不同，所以每个人在不同时间做事效率不同。如有人最佳状态在早上，那就应该把自己最重要的任务安排在清晨。反之亦然。

4. 全力以赴完成最重要的事

完成重要的事情需要不受外界干扰，全身心地投入，那么，任何事情都会迎刃而解；否则，将一事无成。

5. 利用好琐碎时间

你洗脸、刷牙、吃早饭的时候就可以打开录音机听外语，坐公交车的时候也可以掏出要记忆的材料来背诵，甚至一边做功课一边还可以用洗衣机把自己的衣服洗干净，一边扫地一边就可以活动肩膀和腰腿……

6. 日常用品放置要有条理

平时的书籍、笔记、衣服等日常生活用品要分类放置，条理清楚，以便查找。如果乱放，找东西的时间就要花去很多，实际上是浪费了时间。

7. 学会说不

当你集中精力做事情时，有同学来叫你出去玩，或让你做别的事情，你应该学会说不。

8. 适当休息

适当地换学习的内容，不同学科交叉学习可以缓解大脑的疲劳，提高学习的效率。变换一下身体姿势，从事一些体育活动，可以消除疲劳，换得新的精力。

9. 摆脱消极情绪

在所有影响工作完成的消极情绪中，内疚最无益。遗憾、懊悔和心情不佳改变不了过去，反而影响当前的事情难以做成。着眼于未来的担心也是一种毫无用处的情绪。

同学们，时间是人生的财富，我们的人生就是在时间的长河里慢慢展现的。愿每个人都能珍惜时间，合理安排时间，让自己有限的生命更精彩！

合理规划你的时间

著名的效率专家查尔斯·菲尔德认为：善于为时间立预算、做规划，是有效管理时间的第一步。事实上，时间都是"计划"出来的。能够合理规划自己时间的人就等于比别人多出了几个小时。

A、B 二人斗智，A 出了一个题目让 B 来完成。这个题目看起来是不可能完成的，即在一个同时只能烙两张饼的锅中，3 分钟内烙好 3 张饼，每张必须烙两面，每面烙 1 分钟。这样算下来，最少需要 4 分钟才有可能把 3 张饼烙完。可是 A 只给了 B3 分钟的时间，这该怎么办呢？

B 想了想，突然想到了在 3 分钟内烙 3 张饼的方法：这种方法的宗旨就是打破常规的烙饼方法。先烙两张饼，1 分钟后，把一张翻烙，把另外一张取出，放入第 3 张饼，等第 2 分钟过后，把烙好的饼取出，并将已经烙好一面的饼放入锅中，同时，将第 3 张饼翻烙，这样等 3 分钟过后，3 张饼就全部烙好了。

哲学家及诗人歌德说过，我们都拥有足够的时间，只要我们能好好地善加利用。假如萧伯纳没有为自己定下严格的规定，保持每天写出 5 页稿纸的文字，他可能永远只是个银行出纳员。他度过了 9 年心碎的日子，9 年总共才赚了 30 块钱稿费，但由于他一直把写作当成自己最重要的事情去做，并严格执行自己定下的计划，终于成了世界著名的作家。

看过《鲁滨孙漂流记》的读者都知道，就连漂流到荒岛上的鲁滨逊也不忘每天定下一个作息表。由此可见，我们无论做什么事情，事先都要有一个计划，这样才能保证你有时间完成自己最重要的事情。

为自己制订一个行程表，是合理规划时间的一个重要方法。只要尝试拟订行程表，原本凌乱不堪的各种预定计划，就会显得条理井然起来。

人们之所以忙得不可开交，追究其原因，是因为心中缺乏一个对时间整体上的把握。人们总是习惯在工作时间即将截止之前，赶紧手忙脚乱，加班熬夜。这种做法，经常导致工作水平下降。相反，及早着手准备才是快速完成工作的保障。

先忧后乐是时间计划的一个基本原则。

我们可以拟定一个具体的周末假日行程表，以此为例来学习一下规划时间的方法。

首先，所谓周末假日究竟是从什么时候开始到什么时候结束呢？一般的看法是从周六早上到周日晚间为止。不过如果想要利用周末假日，充分争取时间从事自我启发的话，这样做是不行的。所谓周末假日是从周五晚间到周一早上为止的时间。如此解释，就有将近三天的假期可资运用，不妨将它当作一个整体时段来加以掌握。

倘若这种理念成立，周五晚间的度过方法就变得十分重要。譬如周五晚间痛饮迟归，连带地将使得周六起床之际已过半日时分。

周六和周日，基本上还是应该早起。但过于严苛的话，恐有难以持续之虞，因此不妨稍微放松，比平日晚起一两个小时也没关系。尽可能和家人一起共用早餐为宜。

其次，要将周六、周日的上午定为主要进修时间，不足的部分排入周六、日的晚间。若周日晚间不排计划只管就寝，周一早上提早起床也可以。

总而言之，周末假日行程的成败，要看周五晚间度过方法而定。

基本上，周末假日要将工作暂且置之脑后，好好地调剂身心才是提高工作效率的良方。不过，有件事情非常重要，就是必须为下周一开始的工作做好心理准备。这点将在事后造成巨大差异，而在工作上面反映出来。

如果等到下周早上再来订立下周的进修行程表，事实上已经太迟了。

本周日晚间才是思考立下周行程表的绝佳时机。

除此之外，合理规划时间还应当注意以下两点。

1. 要善于有效分配时间

千万不要平均分配时间。应该把你的有限的时间集中到处理最重要的事情上，不可以每一样工作都去做，要机智而勇敢地拒绝不必要的事和次要的事。一件事情发生了，开始就要问："这件事情值不值得去做？"千万不能碰到什么事都做，更不可以因为"反正我没闲着，没有偷懒"，就心安理得。

2. 要学会处理两类时间

对于每一个人来说，存在着两类时间：一类是属于自己控制的时间，称作"自由时间"；另一类是属于对他人他事的反应的时间，不由自己支配，称作"应对时间"。

两类时间都客观存在，都是必要的。没有"自由时间"，便完全处于被动、应付状态，不能自己支配时间的人，不是一名有效的领导者。但是，要完全控制自己的时间在客观上也是不可能的。没有"应对时间"，只有"自由时间"，实际上也就侵犯了别人的时间。因为个人的完全自由必然会造成他人的不自由。

试问时间哪里来，水在海绵挤出来

时间到底是什么呢？时间对于不同的人有不同的意义。对于活着的人来说，时间是生命；对于从事经济工作的人来说，时间是金钱；对于做学问的人来说，时间是知识；对于无聊的人来说，时间是债务；对于青少年来说，时间是财富，是资本，是命运，是千金难买的无价之宝。

可是，许多青少年总抱怨时间不够用，但是那些伟人怎么可以有那么多的时间，那么大的成就呢？

美国近代诗人、小说家和出色的钢琴家爱尔斯金曾讲过钢琴教师卡尔·华尔德对她的启示：

"一天，卡尔·华尔德给我授课的时候，忽然问我每天要练习多少时间钢琴？我说每天三四个小时。

"'你每次练习，时间都很长吗？是不是有个把钟头的时间？'

"'我想这样才好。'

"'不，不要这样！'他说，'你长大以后，每天不会有长时间的空闲的。你可以养成习惯，一有空闲就几分钟几分钟地练习。比如在你上学以前，或在午饭以后，或在工作的休息时间，5分钟、5分钟地去练习。把小的练习时间分散在一天里面，如

此弹钢琴就成了你日常生活中的一部分了。'

"当我在哥伦比亚大学教书的时候，我想从事兼职创作。可是上课、判卷子、开会等事情把我白天晚上的时间占满了。差不多有两个年头我一直不曾动笔，因为我总是找不到时间。后来才想起了卡尔·华尔德先生告诉我的话。

"到了下一个星期，我就按他的话去实践。只要有 5 分钟左右的空闲时间，我就坐下来写 100 字或短短的几行。出人意料的是，在那个周末，我竟积累了许多的稿子准备修改。

"后来我用同样积少成多的方法，创作长篇小说。我同时练习钢琴，发现每天小小的间歇时间，足够我从事创作与弹琴两项工作。我的教授工作虽日益繁重，但是每天仍有许多可资利用的时间。

"利用短时间，其中有一个诀窍：就是要把工作进行得迅速，如果只有 5 分钟的时间供你写作，你切不可把 4 分钟消磨在咬你的铅笔上面。只要思想上有所准备，到工作时间来临的时候，就能立刻把心神集中在工作上。卡尔·华尔德对于我的一生有极大的影响。由于他，我发现了极短的时间，如果能毫不拖延地充分加以利用，就能积少成多地供给你所需要的长时间。迅速集中脑力，并不像一般人所想象的那样困难。"

莎士比亚曾说过："时间是世人的君王，是他们的父母，也是他们的坟墓，它所给予世人的，只凭着自己的意志，而不是按照他们的要求。"我们要学会做时间的主人，有效地支配它。

历数古今中外一切有大建树者，无一不惜时如金。古书《淮南子》有云："圣人不贵尺之璧，而重寸之阴。"汉乐府《长歌行》中有这样的诗句："百川东到海，何时复西归？少壮不努力，老大徒伤悲。"晋朝陶渊明也有惜时诗："盛年不重来，一日难再晨。及时当勉励，岁月不待人。"唐末王贞白《白鹿洞》诗中更有"一寸光阴一寸金"的妙喻。法国作家巴尔扎克把时间比作资本。德国诗人歌德把时间看成自己的财产。鲁迅先生对时间的认识更深刻，他说："时间就是生命。无端地空耗别人的时间，其实无异于谋财害命。"

那么如何才能使自己拥有更多的时间呢？

1. 善于利用零碎的时间

成功的时间管理者想把任何一个空闲时刻都利用起来。

将利用零碎时间养成一个习惯，就是在衣袋里或手提包里，经常不忘携带一些东西，如图书、笔和小记事本，这样你就可以在排队时，在候机时，在乘公交车上下班时，不会无所事事地空耗时间了。"集腋成裘""聚沙成塔"一样适用于时间。

零碎时间的利用也包括用一些"非正规"的时间去做一些事。例如上洗手间，据说国外有一位首相就是利用"如厕"时间学习英语的。他每次从英语词典上撕下一页，然后进卫生间。上完卫生间，这一页也读完、记住了，于是把这一页送入下水道。他就是这样学完了一大本英语词典。

2. 少说废话

名人之所以能成为名人，伟人之所以能成为伟人，有一个共同点，那就是：他们都能很好地运用自己的时间，他们都懂得一切从现在做起的道理。

在时间的运用上，成功人士非常认真地对待每一分每一秒，尤其是当前的时间利用，而不是将时间用在说许多的大话、空话或者是无望达到的计划上。

一位青年人向爱因斯坦询问道："先生，您认为成功人士是如何成功的，有无秘诀？"爱因斯坦非常认真地告诉他："成功等于少说废话，加上多干实事。"

3. 挤出点滴时间

时间对于每个人来说都是公平无私的，只要你愿意，就能挖掘出更多的潜在时间，扩大时间的容量，用挤出来的时间去实现更高的梦想。

我们每天只要挤出微不足道的1分钟，一年就可以挤出大约6小时的时间。如果每天能挤出10分钟，那就是相当可观的一个数字了。一周工作5天，每天工作时间为8小时，而一天中再挤出10分钟，那么一年就可以增加5天多的工作时间。再者，即使再忙，每天可支配的零星时间至少有2小时。如果你从20岁工作到60岁退休，每天能挤出2个小时，有计划地从事某一项有意义的工作，那么，加起来就可达到29200小时，即3650个工作日，整整10个年头！这是一个多么诱人的数字，足可以干一番事业。难怪发明家爱迪生在他 79 岁时，就宣称自己是 135 岁的人了。由此可见，时间的弹性是很大的，只要我们善于挤时间，便能大大增加可支配的时间。

4. 灵活应用松散时间

这里所讲的松散时间，是指人们的大量工作时间处于很松弛的时候。比如学习的压力不大，那么这种情况下就应当考虑如何有效利用这些时间。

比如，刘小姐在行政机关单位上班，她每天的工作就是接一接电话，分发报纸信件，以及通知别人各有关事项。工作虽然轻松，但时间却不能少花，每天早晨 8 点半钟就要上班，12 点按时下班。下午 2 点上班，一直到 6 点才下班。

对于刘小姐来说，这些工作量不大，做起来不很费力气。真正把工作量压缩起来，一两个小时就能做完。但是，行政机关的工作性质决定了她必须按点坐班。另外，随时都可能有电话来通知事情。这样刘小姐只能寸步不离地待在办公室。

为了有效地利用好这些空闲的时间，刘小姐在工作不受影响的情况下，学习了自学考试的课程，在两年的时间内就拿下了大学本科的结业证。

在人们一天的工作或生活中，不可能每时每刻都处于紧张的状态。根据人们从事的工作，有的需要集中精力，注意力高度紧张，才能完成。而有的工作不需过于集中精力，只要稍微注意即可。而且在一天的工作中，每个时候的工作要求也是不一样的，你可以适当放松一下，那么，这些松散时间就要合理安排。

小心时间陷阱，警惕时间"窃贼"

时间是宝贵的，浪费一分一秒都是犯罪。但是人们往往在不知不觉中与时间擦身而过，浪费了时间却还蒙在鼓里。

那么时间是如何在不知道不觉间被浪费掉的呢？

1. 做事情漫不经心

有些时间管理者对时间漫不经心，抱着随便打发的无所谓态度，这是缺乏人生价值观念的表现。其口里经常念叨的是：做点什么呢？打发打发无聊的时间。而且在时间管理上，就是有事业心的人，有时也会因漫不经心而丧失时间。因此，要追求高速，就要特别注意漫不经心给我们设下的陷阱。

2. 不会自我约束

每个人都有兴趣爱好，喜欢做那些自己感兴趣的事，并乐此不疲，越是年轻人，这种爱好表现得越强烈。我们都可能有这方面的感受，当看到一本精彩的散文而入迷的时候会手不释卷，不顾其他；当球迷球兴正浓时会放弃本来打算要做的事。在工作中，如果有几件事摆在面前由我们选择，我们往往会选择自己感兴趣的，有时候就忽略了它是否紧迫和重要。这些首先满足自身欲望的行为方式，常常使我们掉进时间陷阱，把该办的事拖延下来，造成了整个计划的被动。

因此，要跨越时间陷阱，就必须努力培养自我约束能力，改掉不良嗜好。要能抵抗兴趣偏好的诱惑，哪怕正在进行的活动是如此令人愉快，应该结束时就要适可而止；哪怕有的事情是自己乐意做的，只要它比起其他事情来还不那么紧迫和重要，就应该毫不犹豫地放下它。

3. 遇事墨守成规

有些人工作起来，从不知变通。对于这种情况，只要采取果断的办法，轻、重、缓、急分类处置，对可办可不办的事交由别人去办；对可阅可不阅的，不去阅览；抓住重要的事情认真处理，对次要的则快刀斩乱麻，才能卸掉重压，以更多的时间去做更重要的事。

4. 凡事喜欢亲力亲为

现实生活中有许多事必躬亲而效果不佳的人。在很多家庭里，年轻的爸爸妈妈不让自己的小宝宝干活，一半是疼爱，一半是不放心，总愿意把一切家务包揽在自己身上，结果是大人劳累不堪，孩子缺乏独立生活能力。诸如此类处事方法，必然占用大量管理时间，使更重要的事耽搁下来。

产生事事亲力亲为的原因很多，主要在于：首先是不知道时间统筹术，即不知道自己有多少时间，过多地把工作包揽到自己身上，不管能否胜任，有些不重要的琐事由自己来做是否值得，不知道自己的任务是统领全局而不是亲力亲为。其次是按自己的行为模式要求旁人，错误地注重表现而忽略结果。再次是只看到节省时间于一时一事，只看到自己动手可以免掉督促、检查和交代的时间，没有看到一旦让别人去做之后，再碰到类似的工作，就可以不再亲自动手，最终会为自己赢得更多的时间。

因此作为时间管理者，要是你希望把时间纳入掌握之中，就不能有亲力亲为的念头。否则你将会失去生活乐趣，繁重的工作会使你压得喘不过气来。

5. 等待

生活中有许多时间都消磨在等待中了。等待的确是白白浪费时间，但我们也可以把它看作是一种超脱了日常的繁忙而得到的一份额外的时间馈赠。养成随身携带钢笔、明信片和邮票的习惯。当你在医院候诊室等着看病时，就可以利用这一小时的时间给朋友们写信，或带一本书看。你也可以带着一个笔记本，这样，当别人无聊地一遍遍翻着旧杂志的时候，你的一部著作说不定就在这里诞生了呢？

6. 做些无望的空想

我们的生命时常消耗在对明天的期待上。这样，我们就忘记了要好好利用眼前的时光。而时间是一去不复返的。为什么因焦急地盼望下周或明天，而不珍惜现有的时间？如果我们能深刻理解现在是连结过去和将来的重要环节，我们就能更精力充沛地利用眼前的光阴了。我们真应该说："谢谢你，今天。"

7. 犹豫不决

悬而未决的问题缠身往往会影响你的工作，使你在能自由支配的宝贵时间里变得心不在焉。关键不在于你是否有问题要解决，而在于它们是不是你一个月或一年前就已经有的老问题。如果是长期以来一直没解决的问题，那么它们消耗了你多少时间和精力啊？你至少应该解决一些这类老大难的问题，使自己舒舒服服地生活下去。

当你拿不定主意时，其实完全可以缩小你的选择面，迅速作出决定。干脆、果断至少可以在生活的某一方面使你受益匪浅。

8. 不停地看电视

调查表明：在美国，普通家庭平均每天看电视的时间在 7 小时以上。虽然看电视是一种人们开心解闷的消遣，但是这却太耗费我们的时间。为了避免那些毫无意义的节目，最好的办法是事先看看节目报，挑选那些你感兴趣的节目，而把省下来的时间更有效地加以利用。

9. 做事无的放矢

攻读一个学位要多长时间？完成一项工作要多少时间？你能照料多大面积的菜园？你有多少个晚上能用来参加社会活动？你

还想做更多的事吗？精心地制订你的计划是减轻负担，节省时间的关键。

充分利用闲暇时间

如果你总感觉学习或工作的时间不够用，则不妨试试将闲暇时间充分利用起来。

闲暇时间也称作零碎时间，是指不构成连续的时间或一个阶段与另一个阶段衔接的空余时间。由于这样的时间不起眼，往往被人们毫不在乎地忽略过去。零星时间虽短，但若一日、一月、一年地积累起来，其总量也是相当可观的。充分利用闲暇时间，短期内也许没有什么明显的效果，但日子久了，一定会有惊人的成效。

我国宋代文学家欧阳修说："余平生所作文章，多在三上——马上、枕上、厕上。"

三国时董遇读书的方法是"三余"：冬者岁之余；夜者日之余；阴雨者晴之余。也就是说充分利用寒冬、深夜和阴雨天，别人休息的时间发奋苦学，他还认为"三余广学，百战雄才"。

看来，闲暇时间里确实蕴藏着伟大的力量，它足以使你成为不同寻常的人。

美国著名作家杰克·伦敦的房间，有一种独一无二的装饰品，那就是窗帘上、衣架上、柜橱上、床头上、镜子上、墙上……到处贴满了各色各样的小纸条。杰克·伦敦非常偏爱这些纸条，几乎和它们形影不离。这些小纸条上面写满各种各样的文字：有美妙的词汇，有生动的比喻，有五花八门的资料。

杰克·伦敦从来都不愿让时间白白地从他眼皮底下溜过去。睡觉前，他默念着贴在床头的小纸条；第二天早晨一觉醒来，他一边穿衣，一边读着墙上的小纸条；刮脸时，镜子上的小纸条为他提供了方便；在踱步、休息时，他可以到处找到启发创作灵感的语汇和资料。不仅在家里是这样，外出的时候，杰克·伦敦也不轻易放过闲暇的一分一秒。出门时，他早已把小纸条装在衣袋里，随时都可以掏出来看一看，想一想。

鲁迅先生说过："我把别人喝咖啡的时间都用到读书和学习上。"他几十年如一日，从不浪费一分一秒，为我们留下了700多万字的著作。就在他重病缠身的日子里，还在抓紧时间工作和学习，在逝世的前1天，还写了他最后的一篇作品《因太炎先生而想起的二三事》，真是惜时到了生命的最后一息。

有人算过这样一笔账：如果每天临睡前挤出15分钟看书，假如一个中等水平的读者读一本一般性的书，每分钟能读300字，15分钟就能读4500字。一个月是135000字，一年的阅读量可以达到1620000字。而书籍的篇幅从6万到10万字平均起来大约8万字。每天读15分钟，一年就可以读20本书，这个数目是可观的，远远超过了世界上人均年阅读量。然而这却并不难实现。

青少年朋友也可以效仿这些成功的伟人，充分利用自己的闲暇时间。已经有青少年朋友开始这样做了，他们将外语单词和语法记在小本子上，将本子随身携带，等公交车时拿出来读一读，排队买饭时掏出来背一背，日积月累，他们的成绩有了显著的提高，这无疑要将一部分功劳归于闲暇时间的利用。

你一定不想落后，那就开始行动吧！让自己在闲暇时间里活动起来，相信你可以做到。

为什么学霸都是方法控

第三章

向课堂45分钟要成绩

——你跟学霸的距离是怎样拉开的

弹好"上课的前奏"

预习是进入学习的前奏。

预习的妙处在于能够部分预测到老师要讲些什么。预习好的学生，上课前便"严阵以待"，上课时就能"知己知彼，百战不殆"；不预习的学生上课前便是"仓促应战"，上课时在时间上就"动弹不得"。预习不应是简单地走马观花，而应看作一种独立的自学。

有的同学上课时顾得上记笔记，却顾不上听讲；顾得上听讲，就顾不上思考，其根本原因就是没有充分地预习。在课程开始之前进行预习，虽然累一些，却能换来一种轻松与自由感。

具体来讲，预习有以下不可替代的作用。

1. 预习让你在课堂上"如鱼得水"

谁不渴望在课堂上一路畅通无阻，明白顺利地接受新内容、新知识？但是，一座楼房靠坚实的地基支撑着，二层楼又靠一层楼支撑着，没有坚实的地基，楼房就岌岌可危。我们所学的各科知识和楼房一样，都有其自身的结构和体系，新的知识总是建立在一定的旧知识的基础之上，因此，学习应该循序渐进。每个同学的学习都是在自己原有知识经验的基础上进行的，以自己的知识经验为基础，去解释新知识、理解新知识。如果同学们在学习新课时，与之相关的旧知识、旧概念不会或者遗忘了，那就意味着头脑中的知识序列出现了断裂，或者说学习阶梯中断了，其结果是对新知识不能理解和吸收。因此，我们在学习新知识之前必须预习，通过预习，准备好学习新知识所必需的旧知识，从而为课堂学习扫清障碍。

2. 助你事半功倍

有的同学"事半功倍"，而有的同学"事倍功半"，这是因为不同的同学听课的起点和接受能力是不同的。

有的同学课前不预习，上课时匆匆打开课本而对新课内容一无所知。听课完全处于一种盲目被动的状态，听天由命，一节课下来有时听懂了，有时似懂非懂，遇到知识障碍就如听天书。有的同学听课是有备而来的，课前做了充分的预习，对所学新课有整体的了解，对新课要讲什么、重点是什么、难点是什么，心中有数。

要提醒同学们注意的是，不要认为预习就是要把教材完全搞懂，这几乎是不可能的。相反，当你发现有这么多不懂的内容时，不必气馁，这些内容往往会引起你的好奇心，像你发现了一个谜语却不知道谜底一样，你是不是迫不及待想知道答案？那么对于课堂，你就会多一份期待，多一份向往，上课自然会津津有味了，不是吗？

总之，通过预习不仅对新课的内容有了初步的领会，从而降低学习新课的难度，而且大大减少了听课的盲目性、紧张感，调动了学习的积极性，有利于当堂知识的消化和吸收。

　　另外，预习使我们有精力去考虑更深层次的问题。如当老师讲到预习时已经弄懂的知识时，可以验证一下自己对知识的领会是否正确。可以向老师学习考虑问题的思路，看老师是如何提出问题、分析问题和解决问题的，学习老师的高明之处。如有一位同学在总结自己的学习方法时说："有了预习这一环节做保障，课堂上我很轻松，思维活跃，不局限于老师讲的或书上的思路。我力求找出问题，想出自己的方法。这样，不仅有利于加深对新知识的理解，还有利于提高自己的思维能力。"

3. 预习让你一举两得

　　预习不仅会提高你上课的兴趣，而且还会使你的课堂小结做得"得心应手"！因为预习使你对老师讲的所有知识都有所规划，有的知识属于课本上没有的，老师补充的；有的知识属于非常重要的难点，你听课后"百思才得其解"的；有的知识则很简单，在你预习时已经迎刃而解……所有不同的知识，你在做课堂笔记的时候，都会一一安排好。预习针对的环节是复习，当你做好预习时，慢慢地，你会发现你的复习也会很顺利地进行，毫不吃力。

4. 磨刀不误砍柴工

　　中国有句古语叫作"磨刀不误砍柴工"。其实，预习可以节省很多时间。对当堂知识的消化和吸收，可以避免上课似懂非懂，下课再重新看书学习而浪费时间；对当堂新知识的消化和吸收，可以节省课后复习、做作业的时间；对当堂新知识的消化和吸收，还可以降低作业的错误率从而节省改错题的时间。可见，课前拿出少量的时间进行预习，不仅使课堂听课轻松舒畅，效率高，而且还可以避免许多课后的无效劳动，从而节省大量的时间。因此，课前预习并不是白费精力和时间，相反，它赢得了时间。所以，花一点时间进行课前预习，是非常合算的。此外，预习对理解、巩固所学知识等都大有益处。预习可以加强新旧知识之间的联系，正如孔子说的"温故而知新"。我们在不断的预习中，会发现新问题是完全可以用旧的知识来解构、解决的，知识之间是互相融通的。

预习还有利于同学们巩固已有的知识。在预习中，为了理解新知识就要积极地追忆与新知识相关的旧知识，追忆不出来，再去翻阅旧教材。预习中常常需要复习许多旧知识，涉及的面也很广。有些旧知识是以前学过的，通过预习可以把这些旧知识重新回忆起来，不清楚的要搞清楚。预习中这种对旧知识追忆、理解的目的性、广泛性、间隔的久远性，都有利于对已有知识的巩固。再者，预习中独自琢磨新知识，琢磨通了印象深刻难以忘记。即使没琢磨通的知识，再带着问题去听课而弄懂了，就会豁然开朗，印象更深刻。预习中理解错误之处，在听课时得以纠正。有了正反两方面的对比，在脑子里的印象就要深刻得多，更容易记住。

5. 预习教给你怎样学习

随着预习的深入，我们发现的问题会越来越多，随着问题的逐一解决，我们的收获是：我们学会了怎样学习！

同学们在校学习主要是掌握基础知识和基本技能，为将来工作和学习打下基础。你们不仅仅只在小学、初中、高中学习，将来还要进入大学学习。可能大学毕业后，还要从事各方面的研究工作，那时候，你需要的就是自学的能力。

我们不仅要学习各科知识，我们更应该学会的是学习方法。古人说"授人以鱼，不如授人以渔"。所以，预习不仅为现在的学习服务，预习的方法也是为今后的学习打下基础。

要想认真预习，取得可观成绩，我们必须做到以下几点。

1. 课间 10 分钟做点事

课间 10 分钟我们应该为上课做点准备。

有无准备，准备充分与否，效果大不相同。课前准备有 4 种，就是：心理准备、身体准备、物质准备、知识准备。

预习主要是知识准备。具体讲，就是学生在老师讲课之前，独立地自学新课内容，做到对教材内容的初步了解。

优等生之所以成为优等生，原因就在于他们良好的学习方法。学习方法也是针对学习过程的各个环节准备的。当然，预习就更不会错过了。无论下一课的内容是简单明了，还是晦涩艰深，他们都会提前浏览一下书，做到心中有数，上课时就有重点，有目的地去听课。很多同学存在这样一个误区，他们认为自己学习不好，预习根本弄不懂，认为预习只是优等生的事情，习惯于"上课听老师讲，课后围着习题转，考试之前拼命干"的残缺式的学习方法。这种缺少预习环节的学习方法，在小学时由于知识比较简单，没有暴露什么问题。但这并不能说明预习不重要，只是问题没有充分暴露而已。

我们在课间最后几分钟的时间里，完全可以浏览一下书，至少对所上课题有个大致的了解，这不是很好吗？

2. 要有"好奇"的态度

预习时，先用好奇的态度接触你手中的书，使自己对新课心中有数。初步知道新课中哪些是一看就懂的，哪些是看不懂的，然后带着这些问题去细读第二遍。

有的学生预习时往往提不出问题，但是提不出问题并不意味着没有问题。爱因斯坦说得好："提出一个问题，往往比解决一个问题更重要。"从某种意义上说，学习的过程就是一个不断提出问题，不断解决问题的过程。"学贵有疑，小疑则小进，大疑则大进。"只有能提出问题，才谈得上解决问题。善于在预习中提出问题，是自学能力增强的标志之一。善于提问要建立在勤于思考的基础之上，古人云："学而不思则罔，思而不学则殆。"预习时，一定要开动脑筋，拓展思维，质疑问难，多问几个为什么？做到勤思之，多问之，善学之。

3. 要用你的耐心

做任何事都离不开我们的耐心，预习也不要仅限于"浅尝辄止"。有时，我们不妨把预习的节奏放慢，再放慢，用我们的耐心仔细地从各种角度周全地去思考问题。不要被动，而是要主动地查阅一下工具书，用耐心争取多弄懂几个问题。我们的耐心总会有所回报！

4.不要忘记动动笔

不要对自己的记忆力过于自信，有时不妨多动动笔。动笔把自己想到的随时记下来，因为对于我们来说，课业信息量是非常大的，我们不能保证能把每一科的各项知识点都记清楚，我们要依赖一定的记录来提醒我们的记忆。

不要不好意思，往往优等生的记录更加烦琐。他们也并不是总记录一些深刻的问题，有一些基本的知识被记录下来，也会多多益善！

有一句名言，叫"不动笔墨不读书"。所谓"动笔墨"有以下几种做法：一是预习时用符号在书上进行"圈、点、勾、画、批、问"；二是随时将课本或其他学习资料中的精彩之处摘抄下来；三是利用日记、周记或片段作文经常写一写心得体会，其中第一点尤其不容忽视。做笔记时如果是课本则用铅笔，以便改正，并用统一的符号以便检查。

5.要善于发现

预习中，一定要把新课内容的重点和疑点找出来，然后把重点和疑点带到课堂上去。课堂上，当老师讲到自己所找的重点和疑点时，一定要认真地一边听、一边思考，听出老师讲解的思路。

等老师讲解后，有些问题仍不明白，就要抓紧时间和机会向老师发问，直至把预习中找出的疑点弄明白。

6. 要多翻一翻身边的工具书

在预习中要解决那些自己不能解决的问题，除了向老师、家长或同学请教外，还要学会使用工具书，如字典、词典及其他相关的参考书。会用、善用字典等工具书，才能提高预习效果，保证预习质量，消化学习成果，提高自学能力。

随时翻一翻身边的工具书，好处是很多的。也许你的本意只是查一个词语，但是参看字典以后，你认识的广度与深度都将拓展。你停留的不再是一个层面，日积月累，想不"渊博"都难！

7. 一个人预习

预习的好处是让你更投入、更独立地学习。没有人打扰你，没有人影响你的思考，你的独立能力会得到突飞猛进的提高。

8. 注意循序渐进

预习时，不要一下子全面铺开，全面预习是不现实的，一是时间难保证，二是精力难保证，三是质量难保证。预习要先列出不明白的地方，时间更紧迫时，就先把新课快速阅读一遍。不要认为作业时间紧，就放弃预习。

9. 从学科的特点出发

每个学科的特点不同，所以要"量科定做预习方法"，就是针对不同的学科，采取更为有效的预习方法。比如说，英语的预习，我们要查清新单词的意义、读法及用法，对新出现的语法现象，都要用心研究，提高预习的效果。

这里，我们着重介绍语文和数学的预习。

语文课是由一篇一篇内容上下相关联的文章组成的，它的知识连续性主要表现在字、词、句的含义和语法上。语文课的目的，一是学习语言，二是锻炼分析、综合的思维能力。

首先，通读课文。课文一定要通读，而且应该朗读。朗读不仅训练自己的发音，还可以通过语气的变换，加深对课文的理解。

其次，过好字词关。读课文的时候，把课文中不认识的字、不会解释的词、不易理解的句子勾画出来。

书上没有注解的字词，可以查一查字典、词典，特别是一些似懂非懂的句子，要搞清楚。还要初步分析课文，了解课文的大概意思，识别层次与段落。遇到写得好的地方，也可以在课文空白处画上符号，老师讲到此处时就格外注意一下。

最后，尽可能归纳中心思想，用笔把归纳的内容记下来。上课的时候，和老师概括的中心思想相对照。

经过上面4步，找准了自己听课时的重点、疑点和难点，一篇课文的预习就基本解决了。另外，要把思考贯穿于整个预习过程中。

数学课的重要特点是知识的连续性特别强，所以集中时间做阶段预习、学期预习、学习效率会更高一些。我们的优等生通常会亲自推导公式，通过自己独立地分析问题和解决问题，可以发现自己的知识准备情况。通常，推导不下去或推导出现错误，都是由于自己的知识准备不够，要么是学过的忘记了，要么是有些内容自己还没有学过，只要设法补上，自己也就进步了。

数学中大量的定理、定律、公式、常数、特定符号等，是学习数学的最重要的内容，是需要深刻理解，牢牢记住的。所以，在预习的时候，要把这些内容单独汇集在一起，每抄录一遍，则加深一次印象。上课的时候，老师讲到这些地方时，把自己预习时的理解和老师讲的相对照，看看自己有没有理解错的地方。

试着做一下课本上的练习。之所以说试做，是因为并不强调要做对，而是用来检验自己预习的效果。预习效果好，一般书后所附的习题是可以做出来的。

做课堂的主人

课堂学习是学生学习基础知识、形成技能技巧的主要途径，也是发展学生智力的主要途径。听课，则是学生学习的中心环节。听课的质量，直接影响学习质量，而听课质量，又取决于会不会听课，或者说是否善于听课。

有一部分学生不会听课，虽然和别人一样坐在教室里听课，但是注意力不能集中与稳定，极易分心走神；或是根据兴趣对老师的讲述有选择性地听讲，45 分钟的课，听得断断续续、支离破碎；或是不善于观察和思考，只是被动地听，头脑这个思维的"湖"十分平静，激不起思维的浪花；或是不注重向课堂 45 分钟要质量，认为只要下课后认真看书和复习，听不听课无所谓，因而出现上语文课看数学书，上数学课做语文作业的怪现象。

一位优秀中学毕业生在谈到他的学习经验时说："中学时代，在课堂上听老师讲课是一天学习的主要内容，因此，听好每一堂课是十分重要的。对于在校学生来说，老师的传授毕竟是知识的第一来源。如果我们轻视上课听讲，那么我们就是在最严重地浪费时间。"这句话说出了他学习成功的主要原因。

一个学生如果不会听课或听课效率不高，那么学习可能事倍功半或徒劳无功，听课效果不好，学习成绩必然很难令人满意。要学会听课，必须做到四点：提高认识，做好准备，专心听课，讲究方法。

1. 提高认识

首先，要认识到听课的重要性。听课是学生获取正确信息、纠正错误、提高能力的主要渠道，离开这个主要渠道谈学习，那无异于丢掉西瓜去捡芝麻。其次，要认识听课的长期性。一年 12 个月，大约有 9 个月在上课，每个学期要上 600 多节课，一年要上 1000 多节课。到学校学习目的就是接受教育、学习知识、锻炼能力，因此要有耐心听好每一节课。再次，认识课堂知识的浓缩性。从学习学科知识的角度讲，学生上课的主要任务是在教师的引导下继承人类的宝贵知识财富，并在这个过程中锻炼观察能力、动手能力、听说能力、思维能力、综合分析能力、运用知识解决实际问题的能力等。教师传授的知识，一般都是人类长期实践总结的产物，是人类智慧的结晶。教师讲一节课的内容，可能是一代或几代科学家研究的成果。从教师来看，一个受过专门师范教育的老师，每一堂课也浓缩了教师的"人生精华"。可以说，在教师的指导下，学生走的是一条最近最直的认识道路。抓住了课堂学习，学习效率就能成倍提高。

2. 做好准备

上课前 1 ~ 2 分钟，你应该为即将要上的课做些准备，让休闲的心收回来，让大脑回归到即将上课的学科内容上来，使自己进入学习的状态。具体来说，你需要做好以下准备。

（1）态度准备

以什么态度来对待上课，对提高听课质量影响很大。首先是对待学习的态度。一个学生如果对学习不感兴趣，又不明确学习目的，那他就很难会集中注意力，认真思考老师所讲的内容。其次是对学科的态度，对感兴趣的学科就认真听讲，对不感兴趣的学科就应付，那不感兴趣的学科是很难学好的。再次，对老师的态度也会影响听课的质量，自己认为哪个老师课讲得好，就认真听课，认为哪个老师讲得不好，就漫不经心。这样的学习很难使各科成绩均衡发展，到头来，吃亏的是自己。

我们都曾有过这样的经历：碰到一个令人讨厌的老师，每次上课都是一种痛苦的折磨，一种时间的浪费。如果还算幸运的话，我们遇到一些令人振奋的老师，他们的课精彩至极，给人留下深刻的印象。

但是，对你来说，最重要的是能在上课的时候学到多少东西。因为再精彩的课堂，你也可能像在糟糕的课堂上那样，很轻易地让时间溜走。你不会因为坏老师教得太差而什么都学不到，也不会因为好老师教得很好，就不用自己付出努力。

学得好不好关键在你自己而不是老师。如果你明白这一点，那么不管什么样的课堂，你都会全力以赴。

（2）知识准备

对上好即将进行的课程做好知识方面的准备，明了即将上什么课，是哪一学科哪一节内容，再回忆一下预习情况，想一想这节课该重点听的内容有哪些。

（3）身体准备

上课要靠大脑来思考问题，因此，大脑的功能状态直接关系到上课的效果。要使大脑处于最佳的功能状态，就要保证有充分的休息。晚上不要熬夜到太晚，要保障充足的睡眠，夏天最好进行午休。

在紧张而少动的课堂学习之前，适当做些体育锻炼，有助于你在课堂上集中注意力。低中等强度的锻炼最为适宜，你可以借此兴奋起来，优化大脑功能。

具体进行什么锻炼则取决于你的个人情况。对不常运动的人来说，快步走就有很好的效果。而对那些经常进行体育锻炼的学生来说，长跑、游泳或有氧健身才能达到满意的效果。但是不要让自己精疲力尽，这样反而会让你在课堂上昏昏欲睡。

体格健壮的人不宜在高强度的锻炼之后，立即进行课堂学习。

（4）物质准备

把上课用的书、练习本、笔记本和其他学习用具在课前准备好，以免因上课时寻找这些用具而影响听课。

（5）心理准备

对于即将要上的是什么课，要求是什么，要有思想准备，做到心中有数，并以积极的心态投入到即将开始的听课当中。

（6）智慧准备

即要使头脑中的思维活动进入学习状态。

（7）课前不宜做的事情

除了强度太大、令人精疲力尽的训练以外，还有一些活动也不宜在课前进行：课前吃得过多过饱；浪费课前时光；等着"接受指导"，似乎学习要别人为你完成。

有的同学在课前十分钟看武侠小说或侦探小说，下象棋或围棋，议论外出旅游，或者为了一个问题辩论得面红耳赤……上课铃响了以后，由于上述活动引起的兴奋尚未消失，头脑中往往还在想武侠的打斗，案子的侦破，下棋的胜负……这些"兴奋波"

的存在直接干扰了正常的听课，使上课不能集中注意力。

也有不少同学还常常利用课间做作业，这种做法也不可取。做作业引起的"兴奋"，也会在上课时因作业问题而"走神"；再说课间做作业使大脑得不到休息，也不符合用脑健康。

3. 专心听课

有人做过这样的实验：被实验者在注意力高度集中时背课文，只需要读9遍就能达到背诵的程度；而同样的课文，在注意力涣散时，竟然读了100遍才能记住。可见，专心与学习效率有着非常密切的关系。

实验和教学实践表明，学习成绩好的学生与学习成绩差的学生之间明显的差别之一就是注意力的好坏。学习成绩好的学生，能集中精力听课，独立思考问题，认真做作业。他们在学习时很少受外界干扰，即使有时老师的课讲得并不那么生动，也能自我约束，有意识地组织注意力，不让自己的思想开小差。有些学习落后的同学恰恰相反，他们进入课堂后，往往要几分钟之后才能平静下来。特别是下课十分钟因某方面事情过于兴奋或做过剧烈活动的学生，人坐在座位上还气喘吁吁，老师讲了半天，他还未进入角色，一堂课前几分钟就耽误了。注意力涣散，不能全神贯注地听讲，时而做小动作，抠耳朵，挖鼻孔，抓抓头皮，时而与同学交头接耳，逗闹一下，有的甚至在上课或复习课时没有精神，打起了瞌睡，老师讲的许多关键点都没听进去。接近下课时，有的学生就坐立不安了，老师到这个时候一般是对本堂课内容作归纳小结，结论性的东西不听，将可能留下概念模糊或推导过程不清的后遗症。如果老师是讲学生容易出现的问题或毛病，不听，将重犯别人犯过的错误；如果老师是对某个难题作提示性指导，不听，课后做练习时，将会多走一些弯路甚至无法下手。

这样浪费宝贵的听课时间，长期下去怎么能不影响学习成绩呢？

要做到专心是很不容易的，最重要的是要克服"走神"，也叫"思想开小差"的毛病。不少学生一方面抱怨学习时间太少，另一方面上课时又因"走神"而把大量的时间浪费掉。怎样才能保持注意力集中，做到专心听讲呢？

（1）对课堂有期待

课堂学习占据了小学阶段的大部分学习时间，如果不充分加以利用，不在教师的指导下提高觉悟，增加知识和提高能力，那就等于浪费了最重要的学习时间。优秀学生的一条重要学习经验是寄希望于课堂，而不是寄希望于"课下"，要通过提高课堂的利用率，来减轻课下的学习负担，提高学习质量。有了这种认识，课上就不容易"走神"了。

一个学习动机端正，学习目的明确，希望通过课堂学习来满足自己强烈求知欲的学生是不容易在上课时"走神"的。

（2）迅速投入学习

两分钟预备铃一响，就要迅速进入积极的学习状态。可以回忆上节课老师讲的内容，也可以回忆预习时的思路和没有解决的问题。由于一上课就想着迫切需要解决的问题，就会积极主动地听讲和思考，"外物"就不易侵入了。

（3）不"因小失大"

上课时，老师总要从一个问题讲到另一个问题。如果第一个问题你没听懂，不要在课上死钻"牛角尖"，而要先记下来，接着往下听讲，不懂的地方留待课下再去钻研，这样就可以保证听课的连续性。假如第一个问题没听懂，就一个劲地想，可老师却不会因为你在思考这个问题而停止讲课，等你从"牛角尖"中醒悟过来时，听课的连续性已经遭到"破坏"，思路也接不上了，造成一步掉队，步步跟不上，整堂课全听不懂的后果。上课时钻"牛角尖"的现象属于注意力不能及时正常转移的"走神"，在学生中比较普遍。为了避免这种现象的出现，同学们上课要紧跟老师的思路，有问题记下来下课再说，保持思维的灵活性。

4. 讲究方法

做任何事都必须讲究方法，听课也不能例外。听课的方法一般有以下几种。

（1）听看结合

大多数学生听课是一边听，一边看。听觉和视觉并用，比只听不抬头看的听课效果要好。听是接受声音信息，看是接受图像信息。又听又看，在通过声音传递来记忆抽象的概念的同时，又可结合图像直观，来强化具体的知识印象。听和看的内容应保持同一性，不能听此视彼，分散听课的注意力。听，一般指听录音、听范读、听提问、听讲解；看，主要是指看板书、看挂图、看荧屏或银幕上的多媒体画面，看教师的教态，如教师的举手投足、神情姿态。因为教师要借助这些板书、画面、手势，化抽象为具体，变繁复为简明，变陌生为熟悉。这种方法，以听为主，以看促听，效果很好。

（2）听想结合

边听边想可以在由被动转化为主动的过程中，逐步加深对知识的认识和理解。只听不想，录音机式的听课，囫囵吞枣，谈不上真正掌握知识，更谈不上培养创造性思维能力。一般可从这些方面去想：教材的重、难点在什么地方，老师为什么这样处理教材，老师讲的自己是否真正懂了，老师讲的与自己想的有什么不同……以想促听，能知其然也能知其所以然。

（3）五官并用

就是说耳、眼、口、手、脑都要动起来，多种感觉器官并用，多种身体部位全部参与听课。用耳听老师讲，听同学发言、提问，不漏听、不错听；用眼看课本、看老师的表情、看板书、看优秀同学的反应；用口说，包括复述、朗读、回答问题；用手做笔记、圈重点、批感想、做练习；用脑积极思维。五官并用，要求听课者全神贯注，灵活地根据课堂情境和老师要求，适时调整听课方法。这种听课方法，是效率最高的听课方法之一。

（4）质疑存疑

"质疑"即提出疑问。古人说："学贵有疑，小疑则小进，大疑则大进。"知识的获得，能力的发展，都是在不断的质疑中实现的。听课时，对经过自己思考过，但未听懂的问题可以及时举手请教。对老师的讲解、同学的回答有不同看法的，也可以提出疑问。

有时，对疑难问题不一定马上打断老师讲课，可以暂时记下来，待下课后再思考或再请教同学、老师。这样做，既不影响老师的教学计划，也不会因个人纠缠某个问题而耽误大家的时间，还可以促使自己深入钻研问题，养成独立思考的好习惯。

（5）抓住两头

听讲时，要特别注意开头和结尾。因为开头往往起着承上启下的作用，概括上节课的内容，引出本节课的新课题；而结尾，又是一节课的高度概括或总结，但同学们往往容易忽略这"两头"。

刚上课时，一般同学心里还没有安定下来，听不进去，再加上有的学生认为是开场白没什么用；快下课了，又想着下课的事，什么抢占乒乓球台，抢占篮球场等，心又浮了起来，老师的概括或总结也听不进去了。

有一个优秀生在总结自己的学习经验时，特别指出了上课时不要忽略听老师讲课的开头和结尾。这个看法很有道理，因为同学们正是在这重要的开头和结尾处最容易"走神"。

（6）主动参与

实践证明：凡积极举手发言的学生，学习进步特别快、成绩好。一部分学生只是被动地接受，老师讲学生听，学得很被动。课堂听课，一定要积极参与，主动地学，随老师的教学思路转，面对老师提问的时候，要勇于积极回答问题。

我们提倡的是打开紧闭的门，勇敢地举手发言。只有这样，才能提高你的自信心，才能更好地实现课堂的高效率，才能与老师形成互动。当你与老师的思路合拍的时候，你的上课效率才是百分百。

有的学生担心自己的想法幼稚，得不到老师与同学的认同，会感到不好意思。其实，老师喜欢善于思考的学生，因为你回答问题，表示你已经在认真听课了。任何一个老师都不喜欢唱"独角戏"，就如同一个歌手，表演得再好，没有人回应他，没有人给他掌声，那么他都是失败的。同学们更加佩服勇敢的人，你代表他们说出了他们的想法，他们却没有勇敢地举手发言，表达自己的观点。而且，需要永远记住的是：勇敢的人才会有特别成功的明天。还有一个窍门，当你紧张的时候，克服紧张的方法是立即举手说出你的想法，不要再等下去。往往当你站起来陈述观点的时候，你突然间发现你已经不紧张了，反而你会不自觉地说得井井有条、言之成理了。

记笔记让你成为学习的主动者

记笔记是学习中十分重要的一个组成部分。笔记记得好，对知识的回顾和复习很有帮助。人的大脑不可能一下子把课堂上老师讲的内容或自己看书的内容及时地记住。所以，要先把知识暂时记下来，然后，根据笔记把知识再记在脑子里。记笔记不是为了把知识记在笔记本上，而是让笔记发挥它应有的作用，使知识更有利于进行多次记忆。

但并不是所有学生都会记笔记，有的学生顾了听，就顾不上记；有的光顾着记流水账，思路跟不上趟，不知老师讲的是什么。常有学生向老师提出这样的问题："老师，您让我们课上做笔记，但是您讲得太快了。我记不下来，怎么办呢？"要答这个问题，就要弄明白听课笔记"记什么"和"怎样记"这两个方面。

学生上课，为什么要记笔记？这个问题，许多学生并没有深入思考。有人说，学生上学读书，就是"上课记笔记，下课对笔记，考试背笔记"。这种对笔记的理解是片面的。从表面上看，这三句话似乎说的是事实，有道理，但是从本质上看，笔记的根本作用并不在于此。

学生学习的过程，是接受知识的过程。这个过程的内容就是从学习，经理解，到记忆的过程，记笔记正是促进学习、理解、记忆三方面联结的一条重要途径。一般说来，老师补充的知识、解题思路、学习方法、外来资料上的知识网络、老师对重点难点知识的剖析过程等是记录的要点。

记笔记的方法虽然没有统一的标准，但是从原则上讲还是有章可循的。下面我们看看少年大学生李平记课堂笔记的方法。

李平同学是 1978 年 3 月第一期少年班的学生，那时他才 15 周岁，入学前是初中三年级学生，1981 年在中美联合招收赴美生物化学研究生的考试中以优异成绩被录取。出国之前，李平给低年级同学写了一篇学习体会——《谈谈对笔记的认识》，里面不仅讲了记笔记的重要性，还谈到了记笔记的方法。

李平归纳了两种记笔记的方法：详记和略记。

详记，就是把课堂上讲的知识，尽可能全面地记下来。这种方法适用于政治、语文、生物、部分化学课程。这些课程的特点是：内容比较散，各部分之间的逻辑联系不很强，而且各部分的内容的重要性和分量比较平均，如果记录不完整，容易产生不连贯、不全面、散架子的现象。

略记，就是只记录主要内容，次要内容略去。这样，可以省出时间来思考问题。这种方法适用于数学、物理、部分化学课程等。这些课程的特点是：前后内容紧密联系、逻辑性强，公式方程等各种关系式较多，因而只要掌握关键内容即可，其余问题可由此推出、迎刃而解。至于公式的推导过程更不用详记，只要把推导过程中关键的假设、转移、使用的定理等记下即可。

这两种方法也不是绝对分开的，有时需要两种方法的综合运用。

李平还介绍了他记笔记的经验："许多同学在课堂上，往往是眼看、耳听之后，觉得要记的时候就低下头来记一段。这种记法，容易漏掉一些重要内容。比如：这时候老师擦掉了黑板上刚写出的式子；或者老师这时候讲了重要内容，学生由于忙于低头记而没有听到。所以，采用下面的方法就可以帮助你克服这个缺陷：眼睛始终盯着黑板和老师，耳朵一直听着老师讲，头脑里跟着积极思考，一旦感到有值得记下来的内容，就快速记下来。必须注意，这时候不能低头看笔记本，而只是用手作记录，最多眼睛瞟一下笔记本，看是否写在合适的位置上。这样几个器官同时并用，互不影响，效果就好得多。当然，刚开始这样做时会不大习惯，字写得不好。不过，只要坚持一段时间，就会慢慢适应的。"

为了将笔记记得又快又好，需要掌握以下技巧。

（1）不要逐字逐句地记下课堂上老师讲的内容。你记笔记的目的在于学习并记录基本观点与事实，并非每一个词都有用。在任何可能的情况下，都要用自己的语言来记录笔记。只有在必要的时候，才用老师的原话。这种行为只能偶尔为之。在大多数情况下，只要记下关键词就可以了，对要写的东西应该多加斟酌。

（2）尽量在课堂上形成一个思维模式，系统地思考和记录主要观点和主要细节。这个思维模式要适合学习材料的性质并与大脑最优组织材料的最优模式协调一致。而且思维模式不能太死板，要灵活、富有创造性。

（3）你可以在笔记本上随意连线，而不必担心你的笔记是否整洁美观。如果你是按顺序记录讲课内容，那么假如讲课过程中后面出现的内容与前面出现过的内容有紧密的联系，该怎么办？你可以把这两个地方的内容用线和箭头连接起来，或者也可以找到前面的相关内容，把新知识写在页边或页角上，如此要灵活而富有创造性。

（4）整洁并不重要，但明晰却很重要。记笔记并不要求字写得很好，语法正确，拼写无误，也不需要有整齐的页边和间距。但是，你所记的笔记必须清楚明白、容易看懂。记的笔记并不一定要井然有序，但每一点之间的关系必须清楚。基本准则是："比较整洁，使得日后能够看懂、容易理解，但也不必过度强调顺序性，以免使你在听课时跟不上老师的步伐，遗漏重要信息。"

（5）可以自创一些速写符号。数理化各门功课中的标准符号、缩写语都可以应用到笔记中去。只是有一点要注意的，自创的符号容易混乱，因此需要课后及时整理，否则时间一长，自己也记不得符号的含义了，这笔记就无用了。

（6）课堂笔记本，每一页应当留下 1/4 的宽度空出来，以便随时补充新的内容。因为，有时即使是同一内容，每看一次都会有不同的体会和认识，也需要留出空间来填写。

最后，再说说笔记的整理和使用。记笔记并不是为记而记，而是为了使用才记的。有的人记了笔记后就搁在一边，从来不整理、不使用，这样笔记就没多大用途了。

整理笔记是把知识深化、简化和系统化的过程。课堂上随手草记的内容，由于为了争取时间，不影响听课，往往次序失当，轻重不一，缺乏系统性。课下整理的笔记，应当是一个知识的体系。当然，这里说的"体系"并不是固定的，可以是和课本上的知识体系相一致，也可以和老师讲课的体系相一致，还可以是学生自己对知识理解之后所悟出的和前面两个体系不同的体系。

整理笔记时要将笔记补充完整，把课堂上没有记下来的内容补充上，记得不太准确的更正过来。但是，完整并不是烦琐，仍要求简洁，中心突出，内容精练。

笔记要使用，才能发挥它的功效。因此，应当经常看笔记，温故知新，才不致遗忘。同时，学过的知识是学习新课的基础，有必要经常温习。经过一段新课的学习，自己的认识水平提高了，对问题的认识深刻了，再去温习笔记可以纠正过去笔记中的错误，可以补充新的认识，使记笔记的水平不断提高。

做课堂笔记的妙法

为什么上课要做笔记呢？优等生说——

笔记是我们积累知识的重要手段，是弥补记忆缺陷的最有效方法。俗话"好头脑不如烂笔头"，说的就是这个道理。

笔记有利于对知识的理解和掌握，可以培养我们的自学能力、综合能力和总结归纳能力。同时，笔记对帮助我们巩固知识、锻炼记忆也有很好的效果。

笔记反映了老师讲课的重点、难点与疑点。通过课堂笔记，可以掌握老师的思考方法、分析方式和解决问题的技巧与次序。可以说课堂笔记是我们的信息库和资料库，为我们课后复习和作业提供了丰富的参考资料，而且这些资料又是教材和参考书中所找不到的宝贵内容。

做笔记还有两个好处，就是避免我们上课分心和思想开小差，促使我们听课时集中精力，积极思考，深刻理解老师所讲的知识。同时更能充分调动眼、耳、手、脑四器官的互相配合与协调，锻炼器官的协调能力。

从上可以看出，笔记在学习中起到的重要作用，它像一个为你解决疑难问题的老师，在你的学习中发挥了重要作用。

有些同学反映，记笔记和听课常常不能兼顾，当记的时候，听就跟不上，而集中精力听，记又完不成。事实上，出现这种矛盾是没有掌握记笔记的要领。这里就谈谈怎样记好课堂笔记。

1. 明确笔记内容

课堂笔记并非把老师的板书或讲话一字不漏地全记下来，要有选择，有重点，有己见，讲实效。记课堂笔记一定要明确记什么，主要应记的内容如下。

（1）记要点。即把课堂学习中的重要内容（重点），参照老师的板书，提纲挈领，有选择地用简要的语句记录下来。每堂课的重要内容，通常都是相关的一些概念、规律和方法（包括技巧）。如文科中的重要名词、论点、论据，如理科中的定义、定理、定律、原理、法则、公式、解题的方法和推理的必要条件、重要步骤、关键环节等。

（2）记典型事例和其他补充内容。老师为了更好地阐明问题，常从不同角度对教材作必要的补充，包括对某些字词注音和释义，对某些概念、规律的内涵做深层次地阐述，补充一些有代表性的事例或例题和习题，有选择地进行记录。

（3）记总结归纳性图表。图解能很好地揭示各知识点间的内在联系，表解则适合对相关概念进行对比、类比或归纳。还有老师的一些概括性陈述，如果是教材上没有的，重要的都要尽量记录下来。

（4）记推理过程和解题思路。为提高自己的思维能力，厘清老师的推理过程和解题思路很重要。要学会用简要的图示形式（如推理流程图、增减推导式、替换分析式等）记录推理过程和解题思路。

（5）记疑点和不同见解。"疑者，觉悟之机也。"一番觉悟，一番长进。小疑则小进，大疑则大进。不怀疑，则不能见真理。因而，学贵质疑。这要求我们对课堂学习的知识，包括书上写的、老师讲的、同学的发言，通过纵、横、顺、逆多角度的分析、比较、推理、判断，从中提出疑义或不同见解，并记录下来供研讨之用。

（6）记心得和顿悟。心得是认识活动中的体验，顿悟则是灵感，是思想的火花，是经过苦思冥想、积极思考后出现的突发性、创造性思维成果，是纵横联想的飞跃和升华。我们有时对某一问题绞尽脑汁，百思不得其解，恰是"上穷碧落下黄泉，两处茫茫皆不见"。后来由于某个偶然因素的启发，或触景生情，突然灵机一动，"忽如一夜春风来，千树万树梨花开"，问题迎刃而解。不少科学家的重大科学发现，如阿基米德发现的浮力定律，德·凯库勒散步时偶然想出的苯分子环状结构，都来源于心得，受益于顿悟。我们学生既有自己的心得，也有自己的顿悟，都是反复思考、不断酝酿而获得的一种体会、观点、猜想、构思或对某个问题的解法。但顿悟会稍纵即逝，不管它是否完美，都要及时记录，以备深入探讨。

2. 注意记笔记的方式

用于记笔记的工具一般有 3 种。

（1）书本。充分利用课本课文的周边空隙，做标记、眉批和端记，其优点是记录简捷，查阅方便，也便于今后看书复习。

（2）纸片或卡片。对于大段的补充内容，包括一些总结归纳性图表，由于书上记不下，可以先记到大小适当的纸片上。但为了不致丢失，要将这些记有笔记的纸片，粘贴到书上的相关页次上。纸片也可以用专用的卡片代替。卡片纸质好，使用方便，又便于整理，适于做读书笔记。但因不便随课本保存，一般不宜做课堂笔记。

（3）笔记本。这是不少同学记笔记的方式，原因是笔记本容量大，所记内容集中，适合记老师所作的专题讲座、复习课和习题课的讲授内容，也适宜记总结归纳性图表等，还可以长期保存。

记笔记时可以充分利用符号。符号有多种，最常见的是加圈点、划线以及标问号、叹号等。

如用"|"或"||"表示段落层次，用"·"表示重点词语，用"～～"表示精彩的句子，用"--"表示中心句，用"？"表示疑问等。各种符号所表示的意思要始终一致。

也可以用批注法。如对字词的注音解释，可以直接批注在字词的上面，也可以集中批注在书页上下的空白地带；对重点词句的分析，可以批注在相应句段旁边的空白处，说明其含义或用法等。还可以用写意法，如对文章的段落大意和中心意思可以记在段末篇尾。

此外，用笔记本记笔记，要留出副页，或者是留出一页的1/3 或 1/4 空白处。无论是预习笔记、课堂笔记、课后整理的笔记都是需要的，副页的内容一般也有 4 个方面：预习时发现的自己掌握得不够好或忘记的内容和问题，预习中产生的想法和体会；听课时产生的体会，易出现的错误（以提醒自己），易混淆的词语（以示区别），温习笔记时重视的问题；从课本以外的同类书中摘录的与笔记有关的内容；补充课本或老师没有讲到的相关知识。

为什么学霸都是方法控

3. 注意记笔记的速度

老师讲课的速度一般是每分钟 90 字左右，而学生听课做笔记的速度是每分钟 20 ~ 40 字，不少同学埋怨老师讲得太快，记不下来。其实，老师讲课的速度是有一个制约的，不能太快，也不能太慢。这就要求我们在记笔记的时候注意速度，掌握一些速记的方法。用符号法记笔记不失为一种快速的方法，此外还可以用压缩的方法来记，即抓住老师讲课中的一些关键性的话，用简短的词句去概括一段话的意思。要提高记的速度，专心致志听讲是关键，只有对老师所讲的内容真正听懂了，理解了，才能进行准确的压缩、记录。

4. 及时整理笔记

课堂上随手记下的内容，由于为了争取时间，不影响听课，往往次序失当，轻重不一，不但缺乏系统性，可能过一段时间，自己都搞不清自己的"草书"。课下整理笔记，就是要形成一个知识的体系。因此，课后要趁热打铁，对照书本，及时回忆有关信息，对笔记出现的缺漏、跳跃、省略、简记等补充完整，对笔误的地方及时纠正，对错误之处或不够确切的地方进行修改。还可以编号分类，舍弃无关紧要的。这样，不仅可以帮助我们加深对所学知识的印象，提高并巩固记忆的效果，而且可以培养我们严谨而周密的思维习惯，提高分析概括的能力。

5. 不要抄别人的笔记

有的学生比较懒惰，自己课堂上不愿做笔记，下课去抄别人的笔记。这是一种很不好的学习习惯，不利于锻炼自己的思维能力和整理能力。所以，最好不要养成抄别人笔记的习惯，不然，会影响自己的学习效果。

提高上课记笔记的效率

我们从上学第一天开始，爸爸妈妈就为我们准备好了笔记本，告诉我们上课要养成记笔记的好习惯。

但是从来没有人告诉我们，具体怎样记笔记，怎样记笔记才是最科学合理的？几乎可以说，世界上 99% 的人记笔记都是一个模式，那就是依靠文字、直线、数字和次序。如果在课堂上，甚至直接把老师写在黑板上的内容照搬下来。

我们也从来没有想过，这种记笔记的方式有什么不妥？

但实际上，它的缺陷就是，这种记笔记方式不是一套完整的工具，它仅仅体现了你"左脑"的功能，却没有体现"右脑"的功能，因为右脑可以让我们感受到节奏、颜色、空间等等。

我们习惯的那种笔记，很少用到彩色，一般我们习惯了只用黑墨水、蓝墨水或者铅笔去书写。有些人很多年也只用一种颜色记笔记、写作业。现在回头看看，一种颜色的笔记真是单调极了，而且还封锁了我们大脑中无穷的创造力。

另外，这种直线型笔记仅仅是学生对老师课堂内容的机械的不完全的复制，相互之间没有关联、没有重点；而且很多学生忙于记录，没有时间真正地去思考，久而久之，就养成了学生记忆知识而不是思考知识的习惯，容易形成思维惰性。

也可以说，这种传统的记笔记方式，只利用了我们一半的大脑，同时，照字面意义去理解笔记内容，我们的智能被减了一半。

这种颜色单一的笔记，容易对我们的大脑产生负面影响，比如容易走神，逃避问题，转移注意力，大脑空白，昏昏欲睡。

相比较传统笔记埋没了关键词、不易记忆、笔记枯燥、浪费时间、不能有效刺激大脑、阻碍大脑作出联想等诸多缺陷，思维导图笔记就是一种最佳的思维方式，它运用丰富的色彩和图像，可以充分反映出空间感、维度和联想能力，能彻底解放我们的创造力。

思维导图记笔记的方式可以对我们的记忆和学习产生巨大的影响，比如：

记忆相关的词可以节省 50% ~95% 的时间；

读相关的词可节省 90% 左右的时间；

复习思维导图笔记可节省 90% 时间；

可集中精力于真正的问题；

让重要的关键词更为显眼；

关键词可灵活组合，改善创造力和记忆力；

易于在关键词之间产生清晰合适的联想；

画图过程中，会有更多新的发现和新思想的产生：

……

大脑不断地利用其皮层技巧，越来越清醒，越来越愿意接受新事物。

其实，做思维导图日记的步骤和上一篇所讲到的如何"让一本书变成一张纸的思维导图"步骤差不多。

在记笔记的过程中，我们可以一边听讲，一边画一幅思维导图，并在讲解者进行的时候找出一些基本概念，做成一个大概的框架。也可以在听完讲解以后，编辑并修正自己的思维导图笔记，从而在修订的过程中，让信息产生更广泛的意义，因而也加强了你对它的理解。

有效听课应注意的 8 个细节

高效的学习者听课都有一个特点，那就是"听课要听细节"，有效听课的 8 个细节具体如下。

1. 留意开头和结尾

老师在讲课时，开头一般是概括上节课的要点，指出本节课要讲的内容，把旧知识联系起来的环节，要仔细听清。老师在每节课结束前，一般会有一个小结，这也是听课的重点所在。

2. 留意老师讲课中的提示

我们在听课中，经常能听到老师提示大家："大家注意了"，

"这一点很重要"，"这两个容易混淆"，"这是不常见的错误"，
"这些内容说明"，"最后"等字眼，这些词句往往暗示着讲课
中的要点，应该给予足够的重视。

3. 学会带着问题听课

善于学习的人几乎都有一个好习惯，即他们善于带着问题去
听课。听课不是照搬老师的讲课内容，而应积极思考，学会质疑，
解决困惑。

带着问题去听课可以提高注意力效率，可以在听课的时候有
所选择，大脑也不容易感到疲劳，不仅听课效率高而且会更轻松。

4. 留意教师讲解的要点

听课过程中，我们应该留意老师事先在备课中准备的纲要是
什么，上课时，老师是怎样围绕这个提纲进行讲解的。我们在力
求抓住它、听懂它、理解它的同时，还可以通过听讲、练习、问答、
看课本、看板书等途径，边听边明确要点和纲要，弄懂知识的内
在联系。

5. 留心老师分析问题的思路

各学科知识之间都有前因后果、上关下联的逻辑关系，有时
可以相互推理，思路互通。在理科中表现得比较明显，比如一个
定理、一条定律、一道习题，都有具体的思维方法，我们用心留
意老师分析问题的思路和方法，仔细揣摩，就能轻松获得灵活的
思维能力，越学越出色。

6. 留意老师的板书归纳和反复强调的地方

不言而喻，反复强调的地方往往是重要的或难以理解的内容，板书归纳不仅重要，而且是具有提纲挈领的作用。要注意在听清讲解、看清板书的基础上思考、记忆，并且做好笔记，便于以后重点复习。

7. 留心老师如何纠错

每个人都有做错题的时候，当老师在为同学纠错的时候，不管是你做错的题或者是别人做错的题，你都应该留心。如果你能对这些容易做错的题保持足够的警惕，那么以后就能有效地避免犯同样的错误，千万不要以为别人做错的题与你无关。

8. 留意老师对知识点的概括和总结

几乎每个老师都会在上完一堂课或讲过某些知识点之后进行概括和总结，这些"总结"是课堂知识的精华，也是考试的重点，应该好好理解和掌握。

做符号笔记的 7 大准则

做符号笔记是很多高效学习者的专长，做好符号笔记能够有效提高学习效率，获得高分。

做符号笔记需要注意以下 7 大准则。

1. 不要贪多

如果一下子在笔记上做很多符号，一定会增加记忆负担，甚至影响思维，所以，应该少做些记号，但也不能少到复习时不知道哪些是重点。

2. 简洁明了

在一些虽间断但有意义的短语下画线，而不要在完整的句子下面画线，页边空白处的笔记要简短扼要，这样，可以加深你的记忆，让你背诵和复习的时候更得心应手。

3. 反应迅速

你必须明白，如果你不用一种快捷和容易辨别的记号做笔记，那么就很难跟上老师的讲课节奏，如果你因此而错过老师讲解的重要内容就得不偿失了。

4. 积极思考

虽然在课本或笔记上做记号能够有效帮助你学习和复习，但你也应该积极开动脑筋，注重思考。否则，收获不大。

5. 分门别类

做符号笔记的过程中，针对有些事实和概念应该区别对待，把它们分门别类，这样，经过整理的笔记要比随便编排的事实和概念清晰，也容易记忆。

6. 注意系统性

如果使用的符号过多，可以考虑把画在字句下的单线或双线，重点项目旁的框框、圈圈、星号等做个注释，避免混淆。

7. 前后联系法

在做符号笔记的过程中，也许你会发现 18 页的说法与第 9 页的说法有直接的联系，你就可以画一个方向朝上的箭头，旁边写上"P9"。同样，在第 9 页，同一观点旁边画一个方向朝下的箭头，写上"P18"。在复习时，你就很容易把两者联系起来了。

现在就举手

在课堂上，老师会经常要求我们积极举手发言。但是有许多同学难以做到这一点，有的甚至压根就没举过一次手。这对于学生个人来说，不能不说是一种损失，因为课堂发言并不只是为了活跃一下课堂气氛，课堂发言对提高课堂效率也有着不可替代的作用。请听下面一位学生讲述从不发言到踊跃发言的感受和体会，从中你会发现课堂发言多么必要：

"记得我刚进中学那会儿，一切都很陌生，上课怯怯的。特别是语文课，当老师提出某个问题时，总是不敢举手发言，怕说错，希望老师不要叫自己，希望快叫别人，好记下标准答案。渐渐地，我习惯于默默地坐在一角，看别人唇枪舌剑，还自以为毫无损失。时间嘀嗒嘀嗒过去了，我的宝贵的语文课，也就在听讲与抄写中默默地度过，上课的内容虽整整齐齐地留在笔记本上，但在头脑中却只有模糊的感觉。于是，复习成了灾难，那些冗长的分析，都得逐字逐句地背，常常是前背后忘，苦不堪言。尽管如此，考试成绩始终不理想。

"后来我发现，每次考得好的同学，大都上课经常举手发言。是不是上课发言有助于提高听课效率呢？

"于是，有一次，我悄悄举起了手，迈出了这一步。以后每节课，我都逼着自己一定要举手，说错就说错，这次说错，下次再来，学习哪有不出错的呢？因为有了要发言的意识，所以便很自然地想要抓住老师的每一句话，同时逼着自己努力思考，并抓住每一个发言的机会。一定要抓住每一次的机会，它带给我的好处是极为明显的。

"首先，是学会用语言表达自己的理解。有时，心里有一种感觉，却很难讲出来，如果不经常锻炼口头表达能力，就永远处于一种混沌的状态，遇到考试也只能挥笔千言词不达意。然而，站起来讲与自己坐在座位上糊里糊涂地想，却是大不一样。它不仅帮你弄清了思路，也迫使你渐渐学会用简练的言语表述思想，这于你的口才，以及今后的答题都是一种锻炼。

"其次，发言的过程有助于记忆。因为你动了脑筋，举了手，发了言，也许说错了，引得大家笑；也许讲得好，被老师肯定；也许与大家观点不一致，引起'学术争论'……这一切的课堂活动，都是帮你记忆的'催化剂'，它能使你很自然地就把那些要理解、要掌握的东西记在心里。到复习时，只需一看书，所有的记忆便会自己跳出来，无须死记硬背，便接通了大脑电路。

"再次，能促进思考。举过手，发过言，还有重要的一环是'听'，当你谈完自己的理解，老师势必要完善答案。他也许会针对你的回答，作个评价，补充回答要素，或把语言重新组织一下；有时，他也会另请几个同学回答。这个时候，你就该竖起耳朵，仔细听一听老师怎么说，别人怎样理解，边听边比较，他们的说法与自己的有什么不同、自己漏了什么、哪里说得不精练……这样边比较，边总结，自然就加深了理解，同时也训练了思维。"

从这位同学的经验可见，积极举手发言对课堂学习效率的提高有着十分重要的作用。除上面讲到的几点之外，上课积极发言对于凝聚或维持注意力，锻炼自己的言语表达能力，培养自信心都是很有好处的。说到底，上课举手发言，实际上是一种很有效的学习方法，既然这样，我们为什么不使用它并把它变成自己的学习习惯呢？

优等生在课堂上的状态总是很积极，不走神。他们做的很重要的一件事就是积极举手发言，与老师形成互动，提高自信心。

要做到踊跃举手发言，要克服以下几种心态。

1. 畏惧心态

那些学习有困难的学生，常把老师对自己的提问当作"苦差事"，久而久之，就形成了对举手发言的畏惧心理；而一些对口头语言表达缺少自信的学生，也因自己无法正确、清晰、如愿以

为什么学霸都是方法控

偿地表达自己的见解而害怕发言，从而也使自己的发言能力愈加得不到发展，形成恶性循环。

不要担心回答错误，你只是要证明你在听课，你的大脑在思考。不要因为别人想不出问题的答案就保持沉默，如果你在思想上认为一件事是不可能的，你在行动上自然就不会去做，自然就不会有什么好结果。

2. 依赖心态

有些学生基础不好，却不愿让老师从发言上看出自己学习上存在的缺陷，极想给老师留下好印象；有些学生则缺乏自信。这些学生发言时往往表现得磨磨蹭蹭、遮遮掩掩，他们并不急于思考答案，而是依赖别人，希望从老师或其他同学的提示中获得现成的答案。

3. 应付心态

这类学生在教室里默不作声，对老师的提问不作任何反应，偶尔举手也是"随大溜"地应付，要是点名发言，不是慌乱作答，就是站起来不动嘴皮，等待批评。产生这种心态的原因很复杂，有的是因个性造成的，有的思维有障碍，有的对老师和本门功课的学习缺乏兴趣。

4. 被动心态

这类学生上课基本能集中注意力听讲，但发言被动。造成学生发言被动的原因可能是胆量、性格、知识水平的制约，发言欠踊跃；也可能是认为提问反正有人回答，与自己无关，只是在老师的暗示下不得不发言；并非课堂因素影响，如家庭的特殊变故，同学之间的矛盾冲突等影响了发言的心境。

同学们，告诉自己，现在就举手。战胜自己的行为障碍，最重要的一点是不要长时间地自我折磨。

你想发言的时候，不要犹豫不决，勇敢地站出来，不要总在那里等啊等啊，在那儿苦苦折磨自己。你要相信，发言前你是紧张的，当你站起来，战胜自己后，你就会进入状态。如果你总是折磨自己，每一次失败都会产生强烈的消极的影响，长此以往，你就更容易形成懦弱的性格了。

所以现在就举手，现在就站出来，现在就大声说话！

你赢了你自己，你做到了优等生做到的事情！

如果你总是沉默，你的想法永远不会有听众。

当你没有听众的时候，你永远是落寞的。

打开你的窗子，让你的想法赢得掌声，好吗？

你需要别人的认可，你有了进步大家会为你祝福！

第四章

你不知道的学霸复习技巧

——复习绝不只是做『复读机』

把学过的知识串成珍珠

有人说，智慧不是别的，而是一种组织起来的知识体系。这就是指系统化知识，而形成系统化知识正是复习的中心任务。

只有通过系统复习，才能使这些知识概括化、条理化，真正"串"起来，如同串珍珠般。

有的学生认为：复习嘛，太简单了，一遍又一遍地读，一次又一次地记，只要功夫到了，就会瓜熟蒂落、水到渠成。其实这种"老和尚撞钟式"的复习法是不科学的，单调的复习使人昏昏欲睡，机械的练习往往成为精神负担。要想把学过的知识串成珍珠，只有合理地复习，才能收到事半功倍的效果。

在复习的安排上要注意以下两方面。

1. 及时复习

艾宾浩斯遗忘曲线告诉我们：遗忘的规律是先快后慢，特别是识记后 48 小时之内遗忘概率最高。所以，不能认为隔几个小时复习和隔几天再复习是一码事，而要及时抓紧复习。复习的间隔时间根据每个人的年龄、知识量等有所区别，但一般不能超过两天。

2. 计划复习

"凡事预则立，不预则废。"复习也是这样，一定要有计划。

计划往往包括两项，一是时间的安排。要有复习日程表，然后照章办事，当日事当日毕。在两科之间要做间隔休息，散散步，伸伸腰，或者原地跑跑步，以便清醒大脑，消除疲劳。二是内容的分配。首先要适量安排复习，每天的复习内容不能太多，也不能太少，不能拼一夜，玩两天。其次要注意材料的性质。最好是文理相间，不要把相类似的学科，如政治、历史安排在一起复习，因为相近的材料会在记忆中产生相互抑制的作用。

在具体复习时，可以按以下的步骤来完成。

1. 过电影

一部好的电影，人们多看几遍，就可能连电影中的台词都能背得出一部分。这是为什么呢？主要是电影中有生动的故事情节，能使人陶醉在它创造的氛围中，达到忘我的境界，甚至进入其中的角色。重复放电影的方法也可以用在我们的学习上，想一想，每天都过电影一样的回忆知识内容，是不是很过瘾？

尝试回忆就是独立地把老师上课的内容回想一遍。具体地说，就是下课后自己考一考自己：今天老师主要讲了几个问题？有哪些已经弄懂了？哪些不懂？哪些不完全懂？

这样做有什么好处呢？

（1）可以及时检查当天听讲的效果

如果自己能独立地回忆出全部或大部分内容，那就证明自己预习和听讲的效果是好的，也就是在领会的基础上将所学的知识基本上记住了。如果回忆不出来，就应当及时查找原因，以改进预习和听讲。

（2）可以提高记忆力

由于每回忆一次，都需要把头脑中"储存"的知识"提取"一回，每"提取"一回，就能使知识强化巩固一遍，这对于提高记忆力自然是有好处的。可见，尝试回忆是一种积极的记忆方法。

（3）能增强看书和整理笔记的针对性

有个学生在学习总结中说："通过回忆，把老师上课讲的知识在脑子里过一遍，记住的往往是自己已经懂得的部分，那些没记住的就往往证明自己还没有掌握好。"

这话很有道理。实际上，回忆是学习成果或者说知识巩固程度的无声表达。如果你回忆不起来，当然会着急地翻书查笔记，这样不仅提高了看书和整理笔记的积极性，而且增强了看书和整理笔记的针对性，很自然地会把回忆不起来的部分作为看书和整理笔记的重点。

（4）能养成善于动脑思考的习惯

课后复习时直接看书，要比尝试回忆"省脑筋"，但不容易留下深刻的印象，效果往往不好。而尝试回忆，要追寻思索的过程，概括上课所学的主要内容，一旦想不起来时，就要千方百计地寻找回忆的线索，很费脑筋。一个经常尝试回忆的学生，不仅记忆力大增，而且能逐渐养成好动脑筋的习惯。有人说过："人们总是逃避艰苦的思考。"我们一定不要在思考面前做逃兵。

有的同学也抓课后复习，可是复习的方法却像看小说似的把书从头到尾读一遍。读书时一看就明白，但一放下书本就什么也想不起来了。如果离开书就不能独立地把所学的知识回忆出来，就很难做到独立地应用这些知识。从这个意义上讲，课后的尝试回忆，也正是使所学的知识得到进一步巩固的重要方法。

而且，"过电影"回忆方式操作起来灵活、简单，时间和空间的随意性比较大。比如：①可选择下课后上厕所的路上；②可选择在走廊休息的片刻；③可选择在课桌上伏案片刻；④可选择在林荫道上散步之时；⑤可选择在一个十分幽静的环境里；⑥可选择睡觉前。只要你是一个有心人，就可以任意操作。在你回忆时，你可以带一本教材，也可以带一个笔记本，也可什么都不带。这样，一个人每天的学习只要花费 1 小时来完成，就能收到非常棒的效果！

2. 阅读

阅读就是围绕复习的中心课题，认真地看书、看笔记、做试卷等。通过阅读使掌握的知识迅速回到原来曾经达到过的水平，在阅读过程中如果发现了不懂的问题要及时弄懂，发现没有记住的知识，要想办法记住。

在阅读时，要注意以下几点：

（1）要以课本为主，围绕课题这个中心。

（2）阅读前，尽量采用尝试回忆的办法，先自己考考自己，看看独立掌握知识的情况。可以拿张草稿纸，在上面把回忆的线索写出来。如果坚持把回忆和阅读结合起来，并坚持多思考，阅读时就会更加专心。

（3）阅读速度要根据对知识掌握的实际水平来决定，不要平均使用力量，凡是学得较好的部分，就可以很快地过一下。掌握得不太好的部分，则要多花点时间，并留下记号，以便在以后学习时提醒自己。

（4）在回忆、阅读和思考的过程中，要随时想着怎么把自己的思考成果用笔记形式固定下来，有了好的想法要随时记下来，作为下一步整理复习笔记的原始材料。因为系统复习的过程比较长，好的想法不记下来，复习到后面就可能把前面的忘了，这很可惜。

总之，这个阶段的主要特点是"俯而诚，仰而思"，并以思考为主。阅读和回忆都是为了促进思考，至于下一步制作的复习笔记，就是这一阶段思考的成果。

3. 整理

整理，指整理出系统复习的笔记。

通过艰苦的思索，终于形成了完整而又系统的知识。应当十分珍惜这个学习成果，并及时用复习笔记的形式，把它记录下来，使这些思考的成果可以长久地保存下来。

有了复习笔记，可以使学习保持连续性，再复习时，就可以迅速回到原来曾经达到过的最高水平。以这高水平为起点，可再进行更深一层的学习。这样，复习笔记变成了学习进程中的里程碑，从而保持了学习的连续性，避免学习时一次又一次地简单重复。

有了复习笔记，有助于实现知识由"繁而杂"向"少而精"的转化。不少学生经过一次一次的努力，终于把厚厚的一本书变成了薄薄的几页笔记，把一个复杂的专题变成一张系统表，把容易混淆的概念变成一张表，把不易记忆的内容改造为醒目的图示，把复杂的内容变成一张关系图。总之，把书上密密麻麻的文字描述变成各式各样的笔记形式，如果再使用彩色笔就更加醒目了。

有了复习笔记，时常拿出来看看，可以起到提纲挈领、强化记忆的作用。因为一看复习笔记，就能迅速抓住知识的全局、重点、难点以及内在联系，又由于是自己整理的，印象深刻，所以是一份极为难得的"备忘录"。

有了整理复习笔记的愿望，复习起来就会更加专心。因为在掌握知识的基础上，还要进一步考虑怎样把已经形成的"知识之网"用最形象、最简明、最醒目的方式表达出来，这种考虑本身就推动了复习时的思考。没有整理笔记的愿望，系统复习时就容易分心。

整理复习笔记时应当注意些什么问题呢？

（1）复习笔记要能反映知识的系统。应重点把概念和原理的联系和区别反映出来，做到一看复习笔记就可以从整体和全局上把握某个专题知识。换句话说，就是要把"知识之网"展现出来。

（2）复习笔记要力求简明扼要、一目了然。千万不要变成课本的再版或课堂笔记的再现，不要写得密密麻麻一大片。

（3）复习笔记要适合自己使用，具有个人的特点。自己掌握得好、记得牢的地方，笔记上要简单些，甚至只有一两个字表示一下即可。而自己掌握得不好、记得不牢的部分，要详细一些，因为是自己看的，所以还可以用一些符号、简称，使之更加实用。

（4）保存好笔记，以便随时取用。复习笔记既是自己心血劳动的结晶，又是知识的精华，一定要保存好，以便随时取用。这比"储存"在头脑中更可靠。经过多次使用，到熟记为止。从这个意义上讲，要复习笔记，正是为了最终要复习笔记。学习优秀的同学正是在反复的学习过程中，随着认识的深入，而使笔记越记越精练，直到抓住了知识的精髓，完全弄懂它为止。

不少优秀学生在考试前翻翻平时整理好的高度浓缩而又经过学习的复习笔记就行了。他们显得很轻松，这种轻松正是平时努力的结果。

当然，也有一些同学考试前手忙脚乱，面对一大堆书本、笔记，茫然不知所措。这与一些同学平时不搞系统复习，不整理笔记，只靠考前突击有密切关系，因而难免陷入被动的局面。

4. 练习

阅读和整理主要是为了解决知识的深入领会和巩固的问题，当知识系统化以后还该干什么呢？要做一定数量的习题，通过做习题去发现问题。然后再深入地读书钻研、加深领会，继而再做题，这个过程是可以不断深入进行的。不少同学自认为复习得挺好，可是一做题，就知道自己的肤浅了，从而促进了对问题的钻研。

在系统复习时，适当做点习题，可以培养运用知识解决综合问题的能力。因此，每做好一道题之后，要整理出解题的思路、逻辑关系和划分好题目的类型等，以期做到举一反三，提高解题效率。

当然，在练习后，还要认真地把自己曾做过的与专题有关的全部习题进行分类整理，这项工作在系统复习的后期进行为好，整理后再做有关习题，会感到容易得多。

5. 熟练

熟练指的是记忆、表达和解题要达到熟练的程度。这就需要按照记忆规律反复记忆，认真练习。对基本概念和原理，对典型的习题要力求达到精益求精的地步。

现在的重大考试，题量都比较大，如果知识的掌握不熟练，在考场上就往往完不成任务。因此，对自己要提出更高的要求，知识不仅要弄懂，还要牢记；不仅要牢记，还要会运用；不仅要会运用，还要能熟练地、高效率地解决问题。当然，根据学科的不同特点，对熟练也有不同的要求，不能一律简单地理解为背得熟，解题快。实验学科的动手操作，也要达到熟练的程度。

科学完成作业任务

一个学生从小学到中学毕业，究竟做过多少作业，好像没有人统计过。如果统计一下的话，那一定是个惊人的数字。例如，仅中学数学一科，书上的习题就有近 5000 道之多。尽管做了那么多作业，但仍然有相当一部分学生至今还不清楚做作业的真正目的。

例如，有的学生做作业只是为了应付老师和家长；有的则只是为了逃避批评或图个表扬，这些学生做作业的单纯任务观点很强。在学校里可以经常看到：有的学生一下课就拼命赶着做作业；做不出来时，手忙脚乱地查书，查不到，心里就烦，就发脾气；有的则干脆抄袭别人的作业，而更多的则是与同学对答案。他们的共同特点是急于求成。

如果一个学生没有认识到做作业是掌握知识的必要环节或重要手段，那么，他就很容易把做作业看成是应付家长和老师而不得不进行的苦差事，因而处于被动地位。这种被迫性的学习，很难收到好的学习效果，更不用说从中得到什么乐趣了。

究竟为什么要做作业呢？主要为了及时检查学习的效果。

经过预习、上课、课后复习，知识究竟有没有领会？有没有记住？记到什么程度？知识能否应用？应用的能力有多强？这些学习效果问题，单凭自我感受是不准确的。真正懂没懂，记住没记住，会不会应用，要在做作业时通过对知识的应用才能得到及时的检验。

如果作业做得很顺利，那么，在一定程度上可以说明这两部分知识掌握得不错。相反，则说明这一部分知识没有掌握好，要及时查找原因，进行调整。

除此之外，做作业还能帮助我们加深对所学知识的理解和记忆，提高思维能力，为复习积累资料。

有的学生在回忆考试失败的教训时说，本以为知识已经学懂了，作业可以不做或少做了，因此经常少做作业，甚至不做作业，对自己学习的真实情况缺乏验证和了解，一味地盲目乐观，结果在考试时（实际上是规定时间的独立作业）一败涂地。

不要把作业看作一种负担，草草做完就交上了事，而应该科学完成作业任务。

1. 先复习后做作业

复习是做好作业的关键，只有复习得好，作业才能做得好。做作业前，先把老师这一节课所讲的内容认真地看一看，弄清基本的概念，想一想这一堂课讲了哪些内容、原理、概念？提出了哪些定理、公式？这些定理、公式是怎样得出来的？有何意义和作用？它们之间的关系是什么？特别是对例题要明白、清楚它的典型性解题时用了哪些方法，解题思路是什么，突破口在什么地方，直到全部弄清楚这些问题后再去做作业，作业才能做得既快又正确。

2. 先认真审题

每一道题目都有明确的要求，这是解这道题的原则，不可违背。如要你归纳课文的中心，你却写了每段的段落大意，虽然付出了很多的劳动，但由于不符合题目的要求，仍然不能算答对。

审题应该审什么呢？首先要明白要你解答什么。如一道应用题："某厂计划用 24 天装订一批书，每天装订 12000 本，实际提前 4 天完成了全部任务，问实际平均每天比原计划多装订多少本？"有些粗心的同学不去仔细审题，就提笔列式做出解答，而没注意到比原计划"多"装订多少本上去。

其次是要明白已知条件是什么，即告诉你的是什么。我们在解题中遇到困难，经常是已知条件没有充分利用上，搞不清已知，也就无法求出未知。如有一道题："一个数是由数字 0 和 8 组成，并且是 15 的倍数，问这个数最小的时候，它是 15 的几倍？"这里"15 的倍数"是已知条件中的关键，15 的倍数肯定是 3 和 5 的倍数，所以要求的数个位数只能是"0"；又因为这个数的各数字之和是 3 的倍数，因此至少有 3 个 8 组成。据此，就可得出这个数最小是 8880，即它是 15 的 592 倍。

最后要搞清未知和已知的联系。学习的一项重要任务就是揭示已知和未知的内在联系，创造未知转化为已知的条件，达到化未知为已知的目的。寻求未知和已知的联系，可以借助作图，也可以借助假设；可以从已知出发寻求与未知的联系；也可以从未知出发，对已知和未知交错分析，逐步找出它们的联系。

3. 细心做题

做题是表达思路的全过程，这个过程要求动脑，关键是要保证规范、准确。要做到这两点就要求抄好题，书写格式必须正确、规范，严格按照各类题的解题要求，仔细演算解题的每一步，得出正确的结果。只要平时做题认真，步骤完整，思路正确，表述严密，准确无误，考试时才能照这种习惯进行。

4. 要独立完成作业

完成作业是学生在课堂学习以后，加深理解学习内容的过程。也是运用知识分析和解决问题的实践过程，是学生学习过程中他人不可替代的重要环节。作业的目的，就是巩固、消化、加深和提高课堂的知识认识，为了达到这个目的，就要求同学们必须有独立做作业的习惯。所谓"独立"，就是亲自动手、自己思考、自己解决和自己完成。

独立完成作业包括：独立复习知识、独立审题思考、独立答题。

5. 认真检查作业

做完作业后认真检查，是保证作业质量的重要手段之一。在作业的过程中，由于种种原因，难免会出现各种各样的漏洞和问题。因此，作业做完之后，一定要做认真检查之后再交上去，这样可有效避免作业中的差错和漏忘。作业检查一般分四步进行：一是检查题目是否抄对；二是审题是否正确；三是运算是否正确；四是方法、思路与步骤是否正确。平时做完题要认真检查，考试时做完题更要认真细致地检查，因为检查是排除和发现错误的重要方法。

6. 做完作业后要耐心思考

作业完成之后，一定要耐心地再思考一遍，想一想做这一道作业题用了哪些概念、原理、公式，这道题和例题有什么关系，和哪些题有联系，有什么特点、规律可寻，稍加变化还能变成什么样的题，是否还有其他的解题方法，等等。学会比较归类，概括特点，归纳解法，可以做到举一反三，触类旁通，对提高作业质量和解题能力大有好处。

比如，对语文翻译文言文的方法，有的学生就总结为六个字："对"（对译）、"换"（替换）、"留"（保留）、"删"（删减）、"补"（补充）、"调"（调整）。又如，初一代数列方程解应用题，有的同学总结出"五步"解题格式：一写"解"和"设"；

二写"根据题意得";三要列出方程式;四解方程;五写答案带单位。照上述方法反复训练,就可以促使作业练习规范化,熟练技能技巧,练好基本功,提高解题能力。

7. 认真分析批改后的作业

老师把作业批改发回来后,一定要尽快翻阅,认真分析,耐心反思。对做对的题目,想一想是采用什么样的思维和方法做对的,以后遇到类似的题能不能触类旁通;对做错的题,要找出做错的原因。做错题一般有三种原因:一是由于慌张、马虎、粗心大意而搞错;二是基础知识没有掌握,弄错了概念、定律、公式等;三是思路不对,小题大做。属于第一种原因,就要警告自己以后做题多加小心;属第二种原因时,就要在预习、听课和复习上下功夫,牢固掌握所学知识后再去做作业;属于最后一种原因者,就要认真钻研和分析例题,明确解题方法。只有经过分析反思,才能吸取经验教训,避免今后再有类似的错误发生。

8. 及时完成作业

有的同学是因贪玩而拖拉作业;有的同学是对学习无兴趣,不写作业;有的同学是因为能力限制完成作业有困难而延迟作业,无论属于哪些情况,都不能养成拖拉的习惯。当天的学习当天解决,明天还有明天的学习任务,困难只会越积越多。克服作业拖拉的有效方法,就是天天督促和要求自己——当天办完当天的事。

学会温故而知新

复习是学习过程中重要的一环。复习既能帮助我们"防患于未然",从根本上杜绝知识漏洞,巩固好辛辛苦苦建立的知识大厦,又能"亡羊补牢",修补曾经的遗漏。

好,让我们具体来了解一下。

1. 为什么要复习

举个例子来说,我们春天在地上撒播种子,这个过程有如我们学习过程中的预习;夏天的时候,我们开始辛苦地浇水、施肥,这如同我们课堂上付出的汗水;那么,秋天来到的时候,我们要做的工作是什么呢? 我们要检点我们的劳动成果,反映在学习过程中,就进入了最后一个环节了,那就是我们的复习。复习事关我们学习收成的好坏,我们一定要走好这最后的一步。

复习是学习的重要一环。它的意义表现在以下几方面。

(1)复习是巩固知识的手段。德国工人哲学家狄慈根说:"重复是学习之母。"孔子主张"学而时习之"。我们所学的知识主要是间接的书本知识,不是自己实践得来的,往往印象不深,加之我们每天学的知识很多,也不易记住。如果不重复学习,很快就会忘掉,这就没有达到掌握知识的目的,没有把书本知识变成自己的知识，也就没有达到学习的目的。因此，必须通过重复学习来巩固已学过的知识技能。巩固知识是复习最主要的作用。

（2）复习有利于加深理解。课堂上由于时间比较紧，进度比较快，加上每个人基础不一样、能力有大小，所以在对知识的理解上会出现不同情况，有的理解深一些，有的理解浅一些，有时甚至不理解。课后进行复习，针对自己的问题多思考，会使我们对知识理解得更深入一些，会有许多新的收获和启发，这就是"温故而知新"的道理。只有温故知新，加深理解，我们才记得更牢，掌握得更好。不加深理解，似懂非懂，似是而非，是不能达到真正掌握知识的目的的。

（3）复习有利于查漏补缺，解决没有搞懂的问题，使所掌握的知识完整。

在课堂上，有的没听清，有的没记下来，有的没搞懂，这些遗留下来的问题，就要靠复习来加以解决。

（4）复习有利于知识的系统化。系统复习的主要作用就是使知识系统化。我们知道，任何一门学科，都是一个系统，是由许多的概念、原理组成的。我们平时分成章、节、问题，一点一点地学习。但这些知识本身都是相互联系的，如果我们不把平时一点一点所学的知识连贯起来、组织起来，就不能掌握系统的知识，知识就是零散的缺乏组装的。用零散的知识去解决问题，是十分困难的。

（5）复习有利于提高听课的效率。知识都是相互联系、由浅入深的，头天的课没复习、没理解、没记住，第二天上新课就会出现理解新课的障碍，影响听课效率。可见，复习能为学习新课打好基础。

2. 复习要做到什么

复习由于主要是在课外进行的，且是独立进行的，不像上课有老师的引导。因此，一些同学不重视复习，不知道复习干什么，不知道怎么复习的现象就很普遍。为了搞好复习，除了上面讲的要明白复习的意义、重视复习外，还要明白复习干什么，复习什么，即复习的任务，首先应做到以下几点。

（1）查漏补缺，使知识完整化。

（2）解决疑难，排除知识系统中的障碍。凡有不懂的问题，先要自己通过看书、思考来解决；自己解决不了，就要及时请教老师和同学，或者家长。

（3）进行归纳整理。如果说上课主要是分析一个一个的问题，是把书本由薄变厚，那么复习就要进行综合、归纳、小结，是把书本再由厚变薄。复习要把丰富的、具体的知识用简单的词句、简明的纲要、简要的图表整理出来，理出头绪。这个归纳整理的过程，是充分体现自己思考的过程。

（4）巩固记忆。这是复习的最终和最主要的任务。前面各项任务侧重在理解知识，是为记忆打基础的。

除了以上讲的4点之外，我们还要针对具体情况，选择适合自己的复习方法：

（1）避免盲目复习。现在同学们学习的科目繁多，学习任务烦琐，越是在这样的一种状况下，我们越应该做到镇定、有计划地安排复习。如果我们没有一个复习计划，而是拿着课本，今天翻几页，明天翻几页，看着语文课本，心里想的却是数学的复习题还没有做。那么，时间浪费掉了，我们还是一事无成，而且完全影响了我们的复习心情，一不小心，可能导致复习失利，全线溃败！所以，我们一定要制订一个大概计划。

（2）提高复习的效率。要想把各科学得均衡，首先要安排好各科的学习时间。比如数学、物理、化学这3门理科科目和英语、语文这两门文科科目如能交叉学习，可以提高学习效率。

（3）回归课本。复习的这段时间里，看书应该是摆在第一位的。即首要的任务是"回归课本"，而不是花大量的时间去做题。

有的同学可能对此不屑一顾，认为书已经看了许多遍，再看也看不进什么了，无疑是浪费时间。其实不然，因为各种各样的题目做得很多，自然地把课本抛在了一边，现在该是拿起它们的时候了。重新把知识点温习一遍，理一下思路，加深印象，是很有必要的。题目做得再多，也不可能面面俱到，所以很有必要再回到课本中，把不够清楚的地方搞明白。

（4）复习要有"翻新"意识。复习是学习过程中的一个重要环节，复习是在掌握基础知识和提高运用能力之间搭起的一座桥梁。复习是把知识由生变熟的过程中所必备的基本手段，通过反复地学习知识、掌握知识，提高分析问题、解决问题的能力，就自然会有所突破，有新的发现。反观其过程，有新的发现正是复习所要达到的基本目的。

（5）复习要有耐心。每次复习都不是跳跃式的，而是一种渐进式的自下而上的循环往复过程。之所以说它不是跳跃式的，是因为知识之间、教材上的内容之间是彼此有联系的，每个知识点都不是孤立的，都是整个系统中的一个重要器件。复习过程就是在这些复杂的知识点中寻找必要的关联，而且每一次复习都可以进行到比较高一级的阶段，这就要求学生不要把每一个复习过程看成是一个孤立的过程。

现在，我们进入下一个环节，即复习过程的"五部曲"：

（1）全面复查。复习的第一步当然是先在整体上做一个全面的检查，要看到书页中的每一个角落，不忽视书中的任何一个问题，不遗漏课本中的每一个句子。

（2）融会贯通。知识之间都是相互联结的，我们的复习就是要找到知识之间的联系，把一章章、一节节的知识之间的联系找到，追求的是从局部到全局，从全局中把握局部。

（3）通过"练习"完成"实战"。做各种各样的习题，力求通过多种形式的解题去练习运用知识。掌握各种解题思路，通过解题锻炼分析问题、解决问题的能力。

（4）查漏补缺。复习的过程中，我们总能够找到以前学习中的漏洞，发现我们以前理解不深的地方。这时我们就要仔细地查漏补缺，争取全面深入地掌握知识、提高能力。

（5）强化训练。复习是一个举一反三的过程。我们通常是做不到"一步到位"的，所以我们要强化训练，通过反复的复习，使复习达到最佳效果。

在复习后，更不可或缺的是"题不二错"。就是要同学们建立各科错误登记本，以降低重复性错误，提高时间的利用效率，将"不该丢的分"都拿回来。可以随时将练习中出现的错误记录在案，一个个地"消灭"。不怕第一次不会，不怕第一次出错，就怕下一次还犯同样的错误，集中精力排除错误就能够起到事半功倍的效果。

做好作业有 6 项注意

每一个善于学习的人在做作业时，都有自己的心得体会，一般而言，需要注意以下 6 个方面。

1. 作业要工整、简明、条理清楚

平时做作业时，应当养成良好的习惯。工整、简明、条理清楚的作业可以反映一个人一丝不苟的学习态度。工整、简明、条理清楚的作业可以避免出现不必要的差错，有利于检查时查找；另外复习时看起来也方便；老师批阅起来可以快得多。

2. 作业要保存好

如果你能按照知识系统，定期将作业分门别类地保存起来，放进卷宗或公文袋中，到复习时可随手拿来参看。作业是学生平时辛勤劳动的成果，不注意保存好，就等于把自己的劳动果实白白丢掉了。

3. 作业要独立完成

每一个高效的善学者都会自己独立完成作业。

做作业的目的，是巩固、提高和扩展所学知识，培养分析问题和解决问题的能力。无论课堂作业还是家庭作业，都是学习过程中必不可少的重要环节。

即便自己独立做作业吃力，也要独立完成。因为，如果不是自己独立完成，就难以发现学习中的薄弱环节和不足之处，容易养成依赖心理和投机取巧的坏毛病，当必须自己思考和解决问题时，就会不知从何下手。

4.不拖拉作业

善学者从不会为每天大堆大堆的作业感到头疼。如果一个学生每天作业拖拉，那就糟了。整天都在应付作业，玩的时间被挤掉了，生活和学习变得既劳累，又无乐趣。所以尽量不要拖拉作业。

5.切忌模仿做题

有一些学生喜欢模仿做题，所谓模仿做题就是指在做题过程中机械地套用老师的解题方法、解题格式，或者机械地套用公式，或者机械地套用自己以前的解题经验，对做题过程所想到的、所写出的每一句话或者每一步心理活动过程都不明确。

总的来说，只是模仿做题对我们的收获不大。

6.不搞题海战术

事实上，很多优等生都不是通过题海战术做出来的。无论在学校还是在家里，经常见到有些同学超负荷地做练习题，漫无边际、毫无目的。

大量的练习题只会让我们思维混乱，晕头转向，难以应付。做习题应当有所选择。实际上，教科书上的作业练习和老师补充的练习，加上各级教学主管部门的各种复习材料，已足够学生的习题量了，根本不需要再去到处搜寻。

11 种方法正确进行课后复习

在这里，介绍 11 种正确进行课后复习的方法。

1. 及时进行第一次复习

很多人都有这样的经验，对于刚刚学习过的知识，越早复习记忆越深刻。不论是在课堂上以各种机会和形式进行复习巩固，还是课后的精读、归纳整理、总结概括、研习例题、多做练习等，都是及时复习的好做法。

当天学的知识，要当天复习好，绝不能拖拉，做到不欠"账"。否则，内容生疏了，知识结构散了，就要花更多的时间重新学习。要明白，修复房子总比倒塌了重建省事得多。

2. 尝试运用回忆

在课后如果能够试着把老师所讲的内容回忆一遍，比如老师讲了哪些内容，如果记得不清可以随时翻看课本内容，然后再回忆。如此反复翻看几次书之后才能把提纲编写准确、完整。这种方法可以加强记忆和理解。

3. 多种感官参与复习

手、耳、口、脑、眼并用的情况下可以增强复习效果，不仅适用于文科类的学习与记忆，同样适合于理科。

4. 要紧紧围绕概念、公式、法则、定理、定律复习

思考它们是怎么形成与推导出来的，能应用到哪些方面，它们需要什么条件，有无其他说明或证明方法，它与哪些知识有联系……通过追根溯源，牢固掌握知识。

5. 复习要有自己的思路

通过一课、一节、一章的复习，把自己的想法、思路写成小结，列出表来，或者用提纲摘要的方法把前后知识贯穿起来，形成一个完整的知识网。

6. 复习中遇到问题要先思考

这对于集中注意力、强化记忆、提高学习效率很有好处。每次复习时要先把上次的内容回忆一下，这样做不仅保持了学习的连贯性，引起对学过知识的回想，而且对记忆的连续性、牢固性有很好的效果。

7. 复习中要适当做一些题

可以围绕复习的中心来选题、做题。在解题前，要先回忆一下过去做过的有关习题的解题思路，在此基础上再做题。做题的目的是检查自己的复习效果，加深对已学知识的理解，培养解决问题的能力。做综合题能加深对知识的完整化和系统化理解，培养综合运用知识的能力。

勤于复习，并学会科学地复习，并将此养成一种良好的习惯。只有这样，我们所学的知识才会更加牢固，以后的学习才会更加轻松。

8. 把知识点做成一张"知识网"

每科知识之间都有关联，如果孤立地去看所学的知识，很难理解透彻，如果能把知识点放在一张"知识网"中去看待，那样就很容易理解和记忆。比如，初中代数重点"分式的运算"，如果联系到小学学过的"分数运算"就能容易搞清楚彼此的联系。

9. 运用"方法"和"技巧"

在复习过程中，要注意总结用过的"方法"和"技巧"，主要体现在思维方法和分析解决问题的思路上，这种思路和方法有可能出现在课本中，也可能是老师的点拨。

10. 交叉复习方法

在复习阶段，可以找一些涉及不同部分知识的综合应用题，交替学习同一科目内的不同部分，通过比较分析，可以加深自己对知识的理解和应用能力。

11. 随时自测，时刻认清自己

自我测验既是一种复习方法，也是我们学习主动性的表现。在学习中养成随时对自己进行自我检测的好习惯，会清楚地明白自己好在哪里，差在哪里，随时有针对性地进行重点复习，以达到事半功倍的效果。

为什么学霸都是方法控

爱写作业的理由

闭上眼睛想一想，你的作业本上全是优，是不是很有成就感？

当你的作业本成为范本，被大家互相传看，被誉为精品的时候，你开心吗？

每一个优等生都爱写作业！

作业不是沉重的负担，它可以检测自己听课的质量，体现一天学习的收获。作业是对课堂学习内容的巩固，是知识营养被反复咀嚼、消化的过程。它像吃饭、睡觉一样，是很自然的一件事。

我们认真地总结了优等生喜爱写作业的理由。

1. 检查对所学知识的掌握情况

几乎在每一堂课上，老师都会给我们布置一定数量的课内作业（或称课内练习）和课外作业。

我们做作业可以巩固记忆，加深理解和增强实际运用知识的能力。因为无论是课内作业，还是课外作业，完成作业的过程都需要通过我们的独立思考，自觉灵活地分析问题和解决问题，使知识得到具体的运用。

我们也可以从老师给我们的批改情况中获取重要信息，这种信息反映了我们掌握知识和能力发展的情况。如果我们能够根据老师的作业批改情况（即得到评价过的学习结果），及时地反省自己的学习过程，便可提高自己的学习策略水平。

2.加深对知识的理解

毫无疑问，我们通过课内练习或者课外作业，可以加深对所学知识的巩固和理解。我们要正确地完成作业，其先决条件便是要真正理解所学习的知识内容。否则，就会出现书能看懂，就是不会做作业的现象。

掌握知识是十分重要的。一定的知识基础一方面是后续学习的先决条件，另一方面是能力发展的载体。我们在课堂学习中虽然也能够理解知识，但我们接受知识、加深理解的过程（也就是通常所讲的"消化知识"的过程）大多数还是在完成作业的过程中实现的。

3.运用所学的知识解决具体的问题，培养思维能力

我们通过学习，可以把所学的基本知识、基本理论，通过运用一定的学习方法、学习策略，将其和实际问题结合起来，形成技能技巧，培养分析问题和解决问题的能力。那么，完成作业的基本过程是什么呢？

让我们从以下的方法中学习做一个作业高手！

首先明确 4 个步骤：准备，审题，解题，复查。

准备阶段要做好"过电影"的环节，把白天讲课的内容回想

一下，还要在做作业之前，再整理一下笔记。有的同学做作业耗费的时间很多，主要的原因是上述环节"欠了债"。学习是环环相扣的，准备阶段没做好，做作业就困难了。

审题阶段就是认真阅读，正确理解题意。题目中的每一个字、每一句话，以及每一个符号、每一个数据都要看清楚，看准确。因为题目一旦看错了，后面的全部工作就都错了。例如作文，如果把文体搞错了，或者漏掉了该写的东西，那么就得重新做。这里的"清楚"和"准确"有两层含义：一层是看得准确，另一层是含义理解得准确。

审题时不要图快，要慢一点，以便审题仔细。审题要求仔细而不粗，全面而不漏，准确而不误。此外，要逐步摸清不同学科、不同类型的题目审题的具体步骤要求和方法。

审题之后把解题的思路用书面形式表达出来。在动笔或动手做之前，先要动脑筋构思。构思是非常重要、必不可少的，构思的任务，就是想好解题的思路、步骤、方法。比如一道政治题或历史题，应当从几个方面去回答，先回答什么，再回答什么。比如数学题，第一步求什么，第二步求什么，都要先想好。想好以后再下笔去写，动手去做，就能较快较顺利地完成。做题时，要求按各学科的格式去做，书写工整，整洁干净，一次做对，并逐步提高解题速度，又快又准。这里需要特别提出的是，现在许多中学生用计数器进行计算，这种图省事的办法，将大大降低中学生的运算能力。一旦没有计算器，将会出现计算性错误。

复查阶段是指在作业做完之后，要从头到尾检查一遍，自己判断作业做得对不对。

做作业是运用知识解决问题的过程，但我们的目的是能够正确地运用知识，正确地解决问题。解决问题错了，同不能解决问题一样，都是不可取的，都不是我们的目的。因此，必须使作业做得正确。审题、构思都是为了达到这个目的，但最后的结论、答案是否正确，还要注意检查、验证。这一点我们做作业时往往忽视了。检查是保障作业质量的重要手段。

检查的方法有许多，一是逐步检查法，即按照做题的顺序，一步一步进行检查，看有无错误。二是核对法，即把做出的答案同参考答案或书上内容进行对照，看有无错误、遗漏。语文、政治、历史、地理等学科的习题答案有时可以在课文中找到。除了和书对照外，也可以同其他同学的答案对照，看有无不同。三是代入法，即将结果代入公式中，看是否合理。不同的学科还有许多不同的检查方法，要注意摸索、归纳、总结。

复查之后，如果还有时间，不妨动脑筋归纳提炼出一般的解题路子，以求举一反三。如果检查中发现了错误，除了立即更正，一定不要忽视找出错误的原因。

此外，还要注意克服写作业过程中常见的几个不良习惯。

1.边听音乐边写作业

有的同学平时写作业时喜欢一边听着音乐一边写，觉得这样效率才高。但是到了上课的时候，甚至到考试时会感到自己怎么也紧张不起来，别人都在奋笔疾书，自己脑子却像缺少润滑油似的，平时许多会做的题也想不起来了。为什么会出现这种现象呢？这是因为平时写作业时音乐会使大脑兴奋起来，久而久之，就形成了一种条件反射，上课、考试时，没有音乐的刺激，大脑就兴奋不起来了，这种不良的作业习惯会影响听课和考试的效果。

2. 注意力不集中

有的同学平时考试成绩挺好，但到了大考时成绩就不理想了，这也和平时写作业的习惯有关系。平时写作业注意力不集中，拖拖拉拉，一道题可以想半天，可到了考试时因为题量比较大，时间有限制，不允许你慢慢去想，这样就会不由自主地紧张起来，因而影响到考试成绩。

怎样克服这种情况呢？平时写作业最好给自己规定一个时间，在限定的时间内，要完成多少任务。例如一个单元的练习，再分解为一道难题大概几分钟，简单的题大概几分钟；在这个时间段里，还要像上课一样，不做和写作业无关的事，如吃东西、上厕所、说话、看电视、听音乐、摸别的东西等。要有一种紧张感、节奏感，平时养成习惯了，考试时自然就不会感到紧张。

3. 写作业动作太慢

有的同学也知道写作业要讲求效率，可动作就是快不起来，写字、思考问题都非常慢。体育差、不爱运动、手脚笨拙、协调性差的孩子写作业容易出现这种情况，这是因为他们的运动能力和协调性比较差。要解决这个问题，就得经常训练自己的运动协调性，多参加游泳、跳绳、打球这样的体育活动，不能因为时间紧就不参加任何锻炼。

4. 厚此薄彼

有的学生在做自己喜欢的、学得好的科目作业时，就比较主动、认真，而对自己学得不好的，或者不喜欢的科目时，作业就做得马虎，只为了完成任务。这个态度是要不得的。

写作业不仅仅是为了完成老师布置的任务，还应该找出自己的弱项，针对自己的不足，比别人多下功夫才能进步。另外，不能把时间都花在自己喜欢的科目上，回避自己不喜欢的科目，这样做的结果只能是弱项越来越弱，差距越来越大。

语文积累词语的 5 种方法

积累词语，是学好语文的有效手段，积累更多的词语，可以多阅读，多摘抄，具体说来，我们可以从以下几方面着手，扩大自己的词汇量。

1. 从课文中积累

课文中有许多规范、优秀的词语可供我们学习、积累。我们在学习一个单元后，可把所学的词语收集整理一下，挑选最好的分门别类地收入词语卡中。这样，复习课文和积累词语两不误。

2. 从课外读物中积累

大量的课外阅读是同学们积累词语的重要来源。因此，我们不仅要参加课外阅读活动，而且要从课外读物中摘抄词语。特别是遇到不懂的词语，千万不要放过，要真正弄明白为止。

平时多读一些经典的童话故事、诗歌和优秀的作文集，边读边记录，把课外书中优美、动人、富于时代感的词语坚持不断地记录下来，天长日久便可积少成多了。

3. 利用工具书积累

《现代汉语词典》《成语词典》《新华字典》《分类成语词典》等工具书是规范语词的专门书籍，都是我们参考的重要工具书。

4. 从日常生活中积累

生活是写作的来源，在日常生活中，我们会接触到各种各样的人，他们在日常生活中往往会有些新鲜、别致、富有创造性的口头语。这些语言是书本中难以觅到的。因此，多留心人们的言谈也是积累词语的一个好方法，将这样的语言应用于作文中，会使你的作文富于生活气息和创造性。

5. 在使用中积累

积累的目的是为了使用，平时回答问题、与人谈话或写作文时，要尽量运用已掌握的词语，这样才能达到巩固的目的。

4 妙招背课文一步到位

对很多学习者来说，背诵并不是一件令人头疼的事，而是有技巧可言。

1. 尝试回忆法

即在背记过程中，试着合起书本，背完后与课文对照，让背诵一步步达成成熟的地步。

2. 化整为零

先把课文分成几个段落来背诵，把每个段落背诵熟练，然后合起来背诵整篇课文。

3. 眼口手并用法

背诵过程中，通过手写、眼睛集中注意力、口读的方式达到快速背诵的目的。

4. 全文重复法

当背诵一篇短文或一首古诗时，可以从头到尾、反复多遍背诵。

作文立意把握 6 大特性

好的作文立意可以从以下 6 个方面体现出来。

1. 有创造性

如今的作文，对文体的限制性越来越小，我们发挥的空间也越来越大，每个人都可以充分发挥自己的创造性，以赢取作文的高分。

2. 体现人情味

正所谓以"情"动人，这也说明，只有真情实感才能打动别人，在作文写作中，千万不要虚构情感，只有发自内心的真实感受才是最可贵的。

3. 有新颖性

立意新颖，可以运用求异思维，从方向和侧向来思考问题，提出与普遍看法不一样的观点，达到出人意料的效果。

4. 有深刻性

即能够通过表象挖掘出本质性的东西，能在别人的观点上更进一步，发现别人没有发现的东西。

5. 体现时代气息

作文不是凭空想象的结果，如果能够贴近社会现实，关注时代的变化，这样的作文往往更能受到阅卷老师的青睐。

6.体现集中性

立意切忌面面俱到，分散主题。好的立意应该集中在某一点上，并可以围绕这个点展开写作。而这个点就是立意的圆心。

积累剪报，是提高写作的有效手段，其实，写好作文贵在平时多积累、多练笔，不断地积累自己的财富，经常阅读思考，并把看到的东西运用到平时的日记和作文中，这样作文才能有很大的提高。

主要做法有以下3步。

（1）买一个笔记本

注意的是，笔记本的前几页空着不写，作剪辑文章的目录。

（2）积累的剪报要经常翻阅

把报刊和杂志上的精彩文章剪辑后，进行归类整理，并经常拿出来欣赏阅读，有效积累自己的素材。

（3）列一个练笔的小专栏

可以列举一些比如妙语连串、随笔、写景等小专栏，并在旁边留一个空白，平时看到或者赏析到此，可随手写下自己的感受，或者仿照剪辑的文章自己也随手发挥一下。

总之，语文知识的学习重在积累。剪辑报纸和杂志既能积累素材，又能提高本身的文化涵养，还能为作文很好服务，何乐而不为呢？

为什么学霸都是方法控

6步搞定英语听力

我们都知道，英语听力的好坏不仅影响考试的成绩，而且对考试的信心、考试的情绪都有很大的影响。虽然多听有益，但也应该掌握一定的方法，方可取得高分。

在这里，我们主要讲解怎样练习听力。

1. 随时随地法

利用可以利用的每一分钟，无论是上学放学的路上、茶余饭后，还是睡前醒后都可以戴上耳机，随时随地地听。

2. 集中分段法

首先在某一段时间内，集中精力听一个内容，在没有听懂、听熟之前，先不听别的内容。其次可以把一天的时间分成若干段，每一段听不同的内容。

3. 先慢后快法

刚开始练习听力的时候，可以先听语速慢的。然后再过渡到语速快的。

4. 先中后外法

我们可以先听中国老师录的，然后才过渡到外国人录的，因为中国老师的录音我们听起来会更容易接受，可以看作一个很好的过渡。

5. 词汇过关法

听录音时，要听课文，也要听词汇。有时，听词汇比听课文更重要。如果每天都要听一遍中学课本的词汇册，时间一久，在脑子里就形成了"听觉记忆"，以后碰上听过的词，脑子里一下就能反应出来。就如同看熟了的电影，听了上句，都知道下句是什么是一个道理。

6. 自录自听法

通过这种方法可以检查自己的弱点，也可以借此增强自己的自信心。同时，还可以借此增添一些趣味性的内容。

第五章

为什么学霸总能过目不忘

——超强记忆的秘诀

科学养脑，科学用脑

学习依赖我们的大脑，要想有好成绩，就要学会科学养脑，科学用脑。先来告诉你，吃什么东西能促进智力的发展吧。

一个人是否聪明，尽管有遗传、教育、环境等多方面因素的影响，但饮食对大脑的影响是至关重要的。那么，我们怎样才能使大脑获得更理想的养料呢？

健脑益智的主要物质有：蛋白质、维生素、碳水化合物、脂肪、微量元素等，它们主要源于食物，营养的摄取直接影响神经物质的合成。

蛋白质是构成脑细胞及智力活动的基础物质。

维生素是帮助大脑学习与记忆的能手。

碳水化合物被誉为大脑活动的能源。

脂肪是大脑记忆的润滑剂。

相应地，要促进自己智力的发展，就必须在日常饮食方面注意，以大米、面粉、玉米、小米等为主食，保证脑细胞的重要热能来源，因为由食物转化的葡萄糖供给热能最快。

注意多吃些鱼、蛋、奶、瘦肉。脑中氨基酸的平衡，有助于脑神经功能及大脑细胞代谢。

要注意脂肪酸的摄取。这种脂肪酸在大豆油、芝麻油、花生油等植物油中含量丰富，以核桃脂肪质量最优。

还要注意水果、蔬菜和粗粮的摄取。这类食物富含维生素和食用纤维，对大脑具有系列的营养保健作用，可使智力活跃，精力充沛。

微量元素和常量元素也是大脑不可或缺的，缺碘会导致甲状腺功能减退而烦躁不安。海带与紫菜中富含碘；锗在人体内参与遗传过程，强化智力，有"智慧素"之称，在人参和猴头菌菇中含有；锌是大脑蛋白质和核酸合成必需的物质；铁对大脑感知关系密切，因为大脑营养源基本是从新鲜血液中供给，动物肝脏、豆类食品等食品中富含铁；钙对大脑来讲，可抑制脑神经异常兴奋，使大脑进入正常工作与生活状态。

适当安排好进食时间，形成良好的进食习惯，保证充足的营养，对促进智力发展是非常重要的。

还要告诉你，为什么不良生活习惯会损害大脑——

专家经过研究发现，一些不良的生活习惯会对大脑造成严重的损害。

长期饱食会导致脑动脉硬化，出现大脑早衰和智力减退等现象。现代营养学研究发现，进食过饱后，大脑中被称为"纤维芽细胞生长因子"的物质会明显增多。这些纤维芽细胞生长因子能使毛细血管内皮细胞和脂肪增多，促使动脉粥样硬化发生。

不吃早餐使人的血糖低于正常供给，对大脑的营养供应不足，时间长了就会对大脑有害。而且，早餐质量与智力发展也有密切联系。据研究，一般吃高蛋白早餐的儿童在课堂上的最佳思维期普遍相对延长，而食素的儿童情绪和精力下降相对较快。

甜食吃得太多的儿童往往导致智商较低。这是因为儿童脑部的发育离不开食物中充足的蛋白质和维生素，而甜食会损害胃口，降低食欲，减少对高蛋白和多种维生素的摄入，导致机体营养不良，从而影响大脑的正常发育。

长期睡眠不足或质量太差，只会加速脑细胞的衰退，聪明的人也会变得糊涂起来。

大脑中有专司语言的叶区，经常说话也会促进大脑的发育和锻炼大脑的功能。应该多说一些内容丰富、有较强哲理性或逻辑性的话，整日沉默寡言、不苟言笑的人并不一定就聪明。

大脑是全身耗氧量最大的器官，保证充足的氧气供应才能提高大脑的工作效率。用脑时，特别需要讲究工作环境的空气卫生。由此推理，蒙头睡觉时，棉被中二氧化碳浓度高；氧气不足，或长时间地待在污染的空气中，对大脑危害极大。

此外，在身体不适或患疾病时，勉强坚持学习或工作，不仅效率低下，而且容易造成大脑损害。

了解了这些危害大脑健康的不良生活习惯之后，在学习、成长的过程中，我们就要自觉地加以避免，注意用脑的卫生。

科学养脑很重要，科学用脑同样也是非常重要的。那么，我们应该如何科学用脑呢?

有的同学脑子越用越灵,思维越来越活跃,触类旁通,非常聪明;而有的同学却越来越糊涂,思维就像一团乱麻,理不清,道不明。他们之间的区别,其实就在于善不善于用脑。

学生时代是一个学知识、给大脑"充电"的时代,有紧张的课业任务要完成,又是一个身心剧烈发展,需要运动变化的时期。所以,科学合理地用脑对自身发展显得尤为重要。

善于用脑的人注意劳逸结合,动静交替,经常变换脑力活动的内容。如复习功课时,可以文理学科交替复习。

实践证明,交替复习,可以延缓大脑疲劳,比长时间读一门功课的效率高。自古就讲"文武之道,一张一弛",脑力使用也必须遵循这个规律。在课后要及时复习,强化所学知识在大脑皮层中的作用,这比过一段时间再复习效果要好。

许多有成就的学者都懂得交叉用脑,让大脑交叉兴奋。例如,马克思在写《资本论》时,常常是借助读外文和演算数学题来驱散疲劳;达尔文在进化论的研究中,以阅读马尔萨斯的《人口论》作为休息;鲁迅在创作感到疲倦时,就会读点政治、经济、历史、地理、考古、文物等方面的书籍。

只有像土地的交替轮作那样,合理地运用我们的脑力,才会使它永不枯竭。

此外,脑子越用越灵是建立在合理使用大脑的基础上的,而如胡思乱想、过于紧张、超负荷使用大脑,对大脑是十分不利的。

头脑敏锐的人有遇事多想多问的习惯，他们先想后问，使神经系统充分发挥作用，使人的思维更敏捷，记忆更深刻。他们热爱生活，对周围的事物充满兴趣，常常参加课外活动，接触大自然和社会，以开阔眼界，增长智慧。

在生活和学习过程中，每个同学的最佳用脑时间并不一样。搞清楚自己的最佳用脑时间，合理地用脑，非常有利于我们提高效率，发掘大脑的潜力。

一般来讲，经过一夜的睡眠，大脑对前一天接收的信息进行了整理，消除了杂乱无章的东西，多数人在早晨到中午这段时间里的记忆效果明显。另一方面也有人认为，夜晚学习后，立即睡觉，大脑皮层随之转入保护性抑制过程，没有新的信息干扰，所以，晚上的学习效果好。

其实，哪段时间用脑效果最佳，在很大程度上取决于个人的用脑特点和习惯。

当你觉得疲劳的时候，让大脑放松，滋养生息，获得营养补充脑力；当你感觉精力充沛的时候，积极开动脑筋，进行记忆和思考，使兴奋的神经用在该用的地方。遵循大脑兴奋和抑制的规律，该学习的时候学习，该休息的时候休息，大脑就会变得越来越聪明。

还要纠正一个错误的认识，那就是做梦会影响大脑休息。

我们常听有人说："这几天总是整夜做梦，休息不好，白天没有精神。"

睡觉时做梦，果真影响大脑休息吗？答案是否定的。

睡眠是一种生理现象，通过睡眠可以使整个机体得到充分休息，而梦也是睡眠时所产生的一种生理现象。睡眠与做梦好比形与影的关系一样，是分不开的。

睡眠可分为两种状态，一种是慢波睡眠，一种是快波睡眠。人在入睡之后，必须经过慢波睡眠方可转入快波睡眠，然后这两种睡眠状态要交替出现 4 ~ 6 次。每一次慢波睡眠 60 ~ 90 分钟，快波睡眠约 15 分钟。在这两种睡眠状态下所显示的脑电图有很大差别。

一般认为梦是在快波睡眠状态中产生的，如果此时被叫醒，他会说他正在做梦，而且内容生动离奇，记忆清晰；如果是在慢波睡眠状态下被叫醒，则很少有人讲在做梦。由此可见，做梦是睡眠时脑的正常活动。在正常的情况下，梦并非有害，也不会影响大脑休息。由于对梦境的回忆，有很大的个体差异，所以，有的人说他从不做梦，实际上是他遗忘了。

如果有的人说一夜总是在做梦，那是因为他醒来时，刚好是在快波睡眠状态或刚刚进入慢波睡眠状态。

至于有的人说总是做噩梦，那就和白天的精神状态有关了。如果白天焦虑不安、恐惧、抑郁，则往往做噩梦，反之亦然。这就是人们常说的"日有所思，夜有所梦"，"要想睡得好，白天勿烦恼"。由此可见，把白天的萎靡不振和不快都归咎于夜间做梦是不对的。

曾获诺贝尔生理学及医学奖的英国人克里克指出，"只要做了梦，人的头脑就会灵敏"。他认为，做梦可以消除大脑中无用的信息。如果不做梦，就无法对白天接收到的千万条信息进行筛选和去粗取精，那样反而对大脑有害。

加拿大的研究者也发现，那些做梦时间长的学生，学得快，也记得牢。道理很简单，既然做梦是一个温故知新、刷掉不必要记忆的过程，做梦多的人记忆力当然就好了。以色列神经学家卡尼的最新研究表明：做梦能使睡前几小时学过的知识更容易记住。所以，做梦是人自身的一种需要，做梦有很多的好处。在日常生活中，我们完全没有必要因为做梦多而苦恼。

科学用脑的习惯和方法都是逐渐养成的，如果你希望有胜人一筹的大脑，就应该从小处着手，从现在做起。

多样记忆法

记忆是一个人所经历过的事物在人脑中的反映，是人脑积累经验的功能表现。良好的记忆能力，从学习过程来看，就意味着我们的成功。

影响记忆效果的因素主要有以下几个方面。

（1）目的、任务对记忆的影响。一般来说，目的和任务越明确，记忆的效果也就越好。

（2）态度对记忆的影响。对所要记忆的对象保持积极的态度有利于记忆结果的保持，注意力集中是积极态度的主要表现。注意力集中时，大脑皮层的相应区域形成了优势兴奋中心，有利于对信息的接收、加工和储存。

（3）理解对记忆的影响。理解意味着已经掌握了材料的内在联系，因而在理解基础上的记忆一般比死记硬背效果要好。

（4）记忆方法对记忆的影响。掌握良好的记忆方法，有助于记忆效果的提高。

科学家认为记忆力可分为短期记忆力、中期记忆力和长期记忆力。短期记忆力的实质是大脑的即时生理生化反应的重复，而中期和长期的记忆力则是大脑细胞内发生了结构改变，建立了固定联系。比如怎么骑自行车就是长期记忆，即使已多年不骑了，仍能骑上车就跑。中期记忆是不牢固的细胞结构改变，只有"曲不离口、拳不离手"反复加以巩固，才会变成长期记忆力。短期记忆力是数量最多又最不牢固的记忆。一个人每天只将1%的记忆保留下来。

这里，主要给同学们介绍几种有效的记忆方法。

（1）位置记忆法。首先要求记忆者在头脑中想象一个熟悉的场景。比如你从学校到家的一条路线，或你从宿舍到食堂的路线，在这条路上有一些特殊的点，如邮局、医院、大树、旗杆、店铺、招待所等，然后将这些地点与你要记的东西联系起来。回忆时，按这条路线上的各个点提取所记的项目。例如，你现在要记的项目有：汉堡包、比萨饼、黄油、可口可乐、香蕉，那么你就可以做以下的联想：

在邮局里寄来了一个庞大的汉堡夹心面包，医院改成了饭店，穿白大褂的医生正热火朝天地做比萨饼；医院旁边的那棵大杨树上，正汩汩地向外流着黄油，路旁的一个旗杆是用一个巨大的可口可乐瓶子做成的，从旗杆顶上流出的可口可乐，像一道黑色的瀑布，还散发着诱人的香味；在旗杆对面的店铺正卖着香蕉。

这种联想越奇特效果越好。回忆时，只要按照路线的各个特定位置提取所记项目就可以了。

（2）多感官记忆法。记忆时最好把5种感官——视觉、听觉、嗅觉、味觉、触觉等都充分调动起来，记忆的效果会更佳。这种多感官记忆法对掌握语文，英语最显著，因为不论哪一种语言都要有听、说、读、写，这4种能力恰恰涉及文字输入的通道。

（3）背诵记忆法。在我们背书时，往往有这样一种情境，就是反复地进行阅读、默读或大声地读。然而，优等生认为这样并不好，容易导致平均用力，只是空洞的口头功夫，犹如小和尚念经有口无心，学习效率很低。

语言是记忆必不可少的工具，我们在讨论记忆时，不应忘记语言。在形形色色的动物中，只有人类才具有语言。靠着这一无与伦比的"工具"，人类的记忆在质与量上都远远超过了其他动物，具有异常充实的内容。

为了提升记忆力，优等生选择尝试背诵记忆法，即在看过书两遍到三遍之后，合上书本，试着去回忆。其中肯定有回忆不起来的地方，但没关系，继续下去，直到最后。然后，打开书，再看一遍，这时就知道哪些地方该注意，哪些地方可以不看了，从而重新分配自己的精力。看过之后，再尝试着去背。这一次，将会背出大部分的内容。如此重复四五次，一篇文章就差不多能记住了。

另外，还可以采用自问自答的形式。根据文章，自己提问，自己回答，这样可在无意识中加深对文章的印象，提高记忆的效率。

（4）两头记忆法。有的优等生发现在一天的晚上和第二天的早上记忆东西时，有很大的好处。据心理学研究表明，这样的"两头记忆法"是符合记忆心理学原理的。因为前后所学的知识之间存在相互影响、相互干扰的现象。有时，先前学到的知识被后来学到的知识干扰了，结果先学到的知识就遗忘了，这叫后摄抑制；而有时恰恰相反，先前学到的知识干扰了后来学的，结果后学的给遗忘了，这叫前摄抑制。在晚上记忆东西，记完后上床睡觉，就不受到后摄抑制的干扰，而第二天记忆时，不受前摄抑制的干扰，因而所记的东西容易在大脑中保留清晰的印象。

当然，无论什么样的学习方法都需要我们付出行动和努力。

要开动脑筋。脑子越用越好使。学习绝不仅仅是死背书本，为了提高记忆力而积极地想办法、找窍门，无疑就是对大脑的锻炼和开发。如果以此为乐，努力实践，你的记忆力就会在不知不觉中提高。

最后，要告诉你一个小秘密！

经过调查研究，我们发现愉快的记忆会保持长久！

人们常说，好事记得牢，坏事忘得快。

美国心理学家曾做过这样一个实验：让学生把过去3周内经历的愉快和不愉快的事情写出来。

于是，受试者回想出愉快的事平均16件，不愉快的事平均13件。3周后，再进行同样的调查，愉快的经历为7件，不愉快的经历为5件。

另外一位美国教育心理学家也做了同样的实验，实验内容是让10个人想出过去经历的100件事。结果表明，愉快的事情占55%，不愉快的事情占33%，介于二者之间的占12%。

这些实验的结果，证实了前面所说的"好事记得牢，坏事忘得快"这一规律。

因此，我们可以推测，记忆还伴随着喜好和厌恶的情感。而且，这种推测基本上是正确的。

不管是谁，没有人愿意回想不愉快的事情。有人甚至"永远不愿再想起来"，因为回忆起来令人不愉快。这在心理学上叫"抑制现象"。

任何人都希望长久地保持愉快的心情。可以说，这是人的本能，对与本能相悖的行为，人们当然要去抑制。

其实，如果营造一种愉快的氛围进行学习，原来枯燥乏味的内容就会变得轻松易记。不过，这时一定要分清主次。

例如，本来你的目的是要背书，可你却选择了自己喜欢、经常哼唱的歌曲作为学习的背景音乐。结果被音乐所吸引，要记的东西不知道跑到哪儿去了。如此"营造轻松的氛围"，还有什么意义呢？

专家提醒：提高记忆力，虽然方法很重要，但是也要注意平时的营养，如果用脑过多而又没有相应的营养进行补充，这种情况是会影响记忆力的。

英语知识记忆法

很多人在学习英语的过程中遇到的最多的问题就是记不住单词。这在很大程度上影响了对英语的学习兴趣，英语成绩自然上不去。一些人认为背单词是件既吃力，又没有成效的苦差事。实际上，若能采用适当的方法，不但能够记住大量的单词，还能提高对英语的兴趣。我们下面来简单介绍几种单词记忆的方法，这些方法你可以用思维导图的形式总结下来。

1. 谐音法

利用英语单词的发音的谐音进行记忆是一个很好的方法。由于英语是拼音文字，看到一个单词可以很容易地猜到它的发音；

听到一个单词的发音也可以很容易地想到它的拼写。所以，如果谐音法使用得当，是最有效的记忆方法，可以真正做到过目不忘。

如英语里的 2 和 to，4 和 for。quaff n./v. 痛饮，畅饮。记法：quaff 音"夸父"→夸父追日，渴极痛饮。hyphen n. 连字号"–"。记法：hyphen 音"还分"→还分着呢，快用连字号连起来吧。shudder n./v. 发抖，战栗。记法：音"吓得"→吓得发抖。

不过，像其他的方法一样，谐音法只适用于一部分单词，切忌滥用和牵强。将谐音用于记忆英文单词并加以系统化是一个尝试。本书在前面已经讲过：谐音法的要点在于由谐音产生的词或词组（短语）必须和词语的词义之间存在一种平滑的联系。这种方法用于英语的单词记忆也同样要遵循这个要点。

2. 音像法

我们这里所说的音像法就是利用录音和音频等手段进行记忆的方法。该方法在记住单词的同时还可以训练和提高听力，印证以前在课堂上或书本里学到的各种语言现象等。

例：There's only one way to deal with Rome, Antinanase You mustserve her, you must abase yourself before her, you must grovel at her feet, you must love her.

3. 分类法

分类是根据你运用的难度决定的。把单词简单地分成食品、花卉等，中等的难度可分成政治、经济、外交、文化、教育、旅游、环保等类，难一些的分类是科技、国防、医疗卫生、人权和生物化学等。古人云，"举一纲而万目张，就是有了记忆线索，那么就有了记忆的保证。

简单的举例，比如大学一、二、三、四年级学生分别是 freshman、sophomore、junior、senior student，本科生是 undergraduate，研究生 postgraduate，博士 doctor，大学生 college graduates，大专生 polytechnic collegeg raduates，中专生 secondary school graduates，小学毕业生 elementary school graduates，夜校 night school，电大 television university，函授 correspondence course，短训班 short-termclass，速成班 crash course，补习班 remedial class，扫盲班 literacy class，这么背下来，是不是简单了很多？而且有了比较和分类自然就有了记忆线索。

4. 听说读写结合法

听说读写结合记忆的依据是我们前面所讲到的多种感官结合记忆法。我们可以把所有要背的资料进行录制。根据原文可以录中文，也可以录英文，发音尽量标准，放录音的时候，一定要手写下来，具体做法是：

第一次听写放一个句子，要求每个句子、每个单词都写下来；以后的第二、第三次听写要求听一句话，只记主谓宾和数字等（口译笔记的初步），每听一段原文，暂停写下自己的笔记，然后自己根据笔记翻译出来；再以后几次只要听就可以了，放更长的句子，只根据记忆口述翻译就可以了，这个锻炼很有意思，能把你以前的学习实战化，而且能发现自己发音不准确的地方，能听到自己的声音，知道自己是否有这个那个的问题等待。

对英语知识的记忆，或许你会有自己一套行之有效的方法，你不妨用思维导图把它"画"下来。

学英语，记单词，应该走出几个误区。

（1）过于依赖某一种记忆方法

现在书店里的那些词汇书都在强调自己方法的好处，包治所有词汇。其实这都是片面的，有的单词用词根词缀记忆好用，有的看单词的外观，然后发挥你的形象思维就记下了，有的单词通过把读音汉化就过目不忘。所以千万不要迷信某一种记忆方法。

（2）急功近利

不要奢望一个月内背下一本词汇书。也有同学背了三天，最多坚持一个星期就没信心了。强烈的挫折感打败了你。接下来就没有动静了。所以要循序渐进，哪怕一天背两个单词，坚持下去就很可观。

（3）把背单词当作痛苦

有些人背单词前要刻意选择舒适的环境，这里不能背，那里不能背。一边背单词一边考虑中午吃点什么补充脑力。其实，你的担心是多余的。背单词是挑战大脑极限的乐事，要学会享受它才对。

（4）一页一页地背

有些同学觉得这页单词没背下，就不再往前翻。其实这样做

　　　　为什么学霸都是方法控

效率非常低，遗忘率也高，挫折感强，见效也慢。

背单词就是重复记忆的过程，错开了时间去记忆单词，可能会多看几个单词，然后以一个长的时间周期去重复，这样达到了重复记忆的目的，减少大脑的厌倦。

语文知识记忆法

语文是青少年必修的基础学科。语文学习的一个重要环节就是记忆。中学阶段是人的记忆发展的黄金时代，如果在学习语文的过程中，青少年能够结合自身的年龄特点，抓住记忆规律，按照科学的记忆方法，必然会取得更好的学习效果。

下面简单介绍几种记忆语文知识的方法。

1. 画面记忆法

背诵古诗时，我们可以先认真揣摩诗歌的意境，将它幻化成一幅形象鲜明的画面，就能将作品的内容深刻地储存在脑中。例如，读李白的《望庐山瀑布》时，可以根据诗意幻想出如下画面：山上云雾缭绕，太阳照耀下的庐山香炉峰好似冒着紫色的云烟，远处的瀑布从上飞流而下，水花四溅，犹如天上的银河从天上落下来。记住了这个壮观的画面，再细细体会，也就相当深刻地记住了这首诗。

2. 联想记忆法

这是按所要记忆内容的内在联系和某些特点进行分类和联结记忆的一种方法。

举一个简单的例子。如若想记住文学作品和作者的名字，我们可以做这样的联想：

有一天，莫泊桑拾到一串《项链》，巴尔扎克认为是《守财奴》的，都德说是自己在突出《柏林之围》时丢失的，果戈理说是《泼留希金》的，契诃夫则认定是《装在套子里的人》的。最后，大家去请高尔基裁决，高尔基判定说，你们说的这些失主都是男的，而男人是不用这东西的，所以，真正的失主是《母亲》。这样一编排，就把高中课本中的大部分外国小说名及其作者联结在一起了，复习时就如同欣赏一组轻快流畅的世界名曲联想一样，于轻松愉悦中不知不觉就牢记了下来。

3. 口诀记忆法

汉字结构部件中的"臣"在常用汉字中出现的只有"颐""姬""熙"3个。有人便把它们组编成两句绕口令："颐和园演蔡文姬，熙熙攘攘真拥挤。"只要背出这个绕口令，不仅不会把混淆这些带"臣"的字，而且其余带"臣"的汉字，也不会误写。如历代的文学体裁及成就若归纳成如下几句，就有助于在我们头脑中形成清晰易记的纵向思路。西周春秋传《诗经》，战国散文两不同；楚辞汉赋先后现，《史记》《乐府》汉高峰；魏晋咏史盛五言，南北民歌有"双星"；唐诗宋词元杂剧，小说成就数明清。

4. 对比记忆法

汉字中有些字形体相似，读音相近，容易混淆，因此有必要加以归纳，通过对比来辨别和记忆。为了增强记忆效果，可将联想记忆法和口诀记忆法也参入其中。实为对比、归纳、谐音、联想、口诀五法并用。

（1）巳（sì）满，已（yǐ）半，己（jǐ）张口。其中巳与4同音，已与1谐音，己与几同音，顺序为满半张对应4、1、几。

（2）用火烧（shāo），用水浇（jiāo），用丝绕（rào），用手挠（náo）；靠人是侥（jiǎo）幸，食足才富饶（ráo），日出为拂晓（xiǎo），女子更妖娆（ráo）。

（3）用手拾掇（duō），用丝点缀（zhuì），辍（chuò）学开车，啜（chuò）泣噘嘴。

（4）输赢（yíng）贝当钱，蜾蠃（luǒ）虫相关，羸（léi）弱羊肉补，嬴（yíng）姓母系传。

（5）乱言遭贬谪（zhé），嘀（dí）咕用口说，子女为嫡（dí）系，鸣镝（dí）金属做。

（6）中念衷（zhōng），口念哀（āi），中字倒下念作衰（shuāi）。

（7）言午许（xǔ），木午杵（chǔ），有心人，读作忤（仵）（wǔ）。

（8）横戌（xū）点戍（shù）不点戊（wù），戎（róng）字交叉要记住。

（9）用心去追悼（dào），手拿容易掉（diào），棹（zhào）

桨划木船，私名为绰（chuò）号。

（10）点撇仔细辨（biàn），争辩（biàn）靠语言，花瓣（bàn）结黄瓜，青丝扎小辫（biàn）儿。

5. 荒谬记忆法

比如在背诵《夜宿山寺》这首诗时，大部分同学要花五分钟才能把它背出来，可有一位同学只花了一分钟就背出来了，而且丝毫不差，这是什么原因呢？是不是这位同学聪明过人呢？

在同学们疑惑时，他说出了背诵的窍门：这首诗有四句话，只要记住两个词："高手""高人"，并产生这样的联想：住在山寺上的人是一位"高手"，当然又是一位"高人"。背诵时，由每个词再想想每句诗，连起来就马上背诵出来了。看来，这位同学已经学会用奇特联想法来记忆了。

语文有时需要背诵大段大段的文字。背诵时，应先了解全段文字的大意，再把全段文字按意思分成若干相对独立的层。每层选出一些中心词来，用这些中心词联结周围一定量的句子。回忆时，以中心词把句子带出来，达到快速记忆的效果。如背诵鲁迅散文诗《雪》中的一段：

"但是，朔方的雪花在纷飞之后，却永远如粉，如沙，他们决不粘连，撒在屋上、地上、枯草上，就是这样。屋上雪是早已就有消化了的，因为屋里居人的火的温热。别的，在晴天之下，旋风忽来，便蓬勃地奋飞，在日光中灿灿地生；光，如包藏火焰的大雾，旋转而且升腾，弥漫太空，使太空旋转而且升腾地闪烁。"

我们把诗文分为3层，并提出3个中心词：

（1）如粉。大脑浮现北方的纷飞大雪撒在屋上、地上、枯草上的图像。因为如粉，所以绝不粘连。

（2）屋上。使我们想到屋内人生火，屋顶雪融化的图像。

（3）晴天旋风。想象一个壮观的场面：晴空下，旋风卷起雪花，旋转的雪花反射着阳光，在日光中灿灿地生光。

这样从中心词引起想象，再根据想象进行推理，背这一段就感到容易了。

意大利一所大学的教授做过这样的实验：挑选一位技艺中等的青年学生，让他每星期接受3至5天，每天一小时地背诵由3个数字、4个数组构成的数字训练。

每次训练前，他如果能一字不差地背诵前次所记的训练内容，就让他再增加一组数字。经过20个月约230小时的训练，他起初能熟记7个数，以后增加到80个互不相关的数，而且在每次联系实际时还能记住80%的新数字，使得他的记忆力能与具有特殊记忆力的专家媲美。

数学知识记忆法

学习数学重在理解，但一些基本的知识，还是要能记住，用时才能忆起。所以记忆是学生掌握数学知识，深化和运用数学知识的必要过程。因此，如何克服遗忘，以最科学省力的方法记忆数学知识，对开发学生智力、培养学生能力，有着重要的意义。

理解是记忆的前提和基础。尤其是数学，下面介绍几种在理解的前提下行之有效的记忆方法。

学好数学，要注重逻辑性训练，掌握正确的数学思维方法。

首先看思维导图。在这里，主要有三种思维方法。

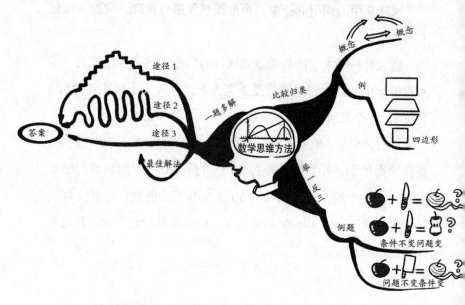

1. 比较归类法

这种方法要求我们对于相互关联的概念，学会从不同的角度进行比较，找出它们之间的相同点和不同点。例如，平行四边形、长方形、正方形、梯形，它们都是四边形，但又各有特点。在做习题的过程中，还可以将习题分类归档，总结出解这一类问题的方法和规律，从而使得练习可以少量而高效。

2. 举一反三法

平时注重课本中的例题，例题反映了对于知识掌握最主要、最基本的要求。对例题分析和解答后，应注意发挥例题以点带面的功能，有意识地在例题的基础上进一步变化，可以尝试从条件不变问题变和问题不变条件变两个角度来变换例题，以达到举一反三的目的。

3. 一题多解法

每一道数学题，都可以尝试运用多种解题方法，在平时做题的过程中，不应仅满足于掌握一种方法，应该多思考，寻找出一道题更多的解答方法。一题多解的方法有助于培养我们沿着不同的途径去思考问题的好习惯，由此可产生多种解题思路，同时，通过"一题多解"，我们还能找出新颖独特的"最佳解法"。

除此之外，还可以进行以下方法的训练。

1. 口诀记忆法

将数学知识编成押韵的顺口溜，既生动形象，又印象深刻不易遗忘。如圆的辅助线画法："圆的辅助线，规律记中间；弦与弦心距，亲密紧相连；两圆相切，公切线；两圆相交，公交弦；遇切点，作半径，圆与圆，心相连；遇直径，作直角，直角相对（共弦）点共圆。"又如"线段和角"一章可编成：

四个性质五种角，还有余角和补角；

两点距离一点小，角平分线不放松；

两种比较与度量，角的换算不能忘；

角的概念两种分，三线特征顺着跟。

其中四个性质是直线基本性质、线段公理，补角性质和余角性质；五种角指平角、周角、直角、锐角和钝角；两点距离一点中，指两点间的距离和线段的中点；两种比较是线段和角的比较，三线是指直线、射线、线段。

2. 联想记忆法

联想是感受到的新事物与记忆中的事物联系起来，形成一种新的暂时的联系。主要有接近联想、对比联想、相似联想等。特别是对某些无意义的材料，通过人为的联想、用有意义的材料作为记忆的线索，效果十分明显。如用"山间一寺一壶酒……"来记忆圆周率"3.14159……"等。

3. 分类记忆法

把一章或某一部分相关的数学知识经过归纳总结后，把同一类知识归在一起，就容易记住，如："二次根式"一章就可归纳成三类，即"四个概念、四个性质、四种运算"。其中四个概念指二次根式、最简二次根式、同类二次根式、分母有理化；四种运算是二次根式的加、减、乘、除运算。

化学知识记忆法

和数学一样，要牢牢记住化学知识，就必须建立在对化学知识理解的基础上。在理解的基础上，我们可以尝试以下几种方法：

1. 简化记忆法

化学需要记忆的内容多而复杂，同学们在处理时易东扯西拉，记不全面。克服它的有效方法是：先进行基本的理解，通过几个关键的字或词组成一句话，或分几个要点，或列表来简化记忆。这是记忆化学实验的主要步骤的有效方法。如：用七个字组成："一点、二通、三加热"，这一句话概括氢气还原氧化铜的关键步骤及注意事项，大大简化了记忆量。在研究氧气化学性质时，同学们可把所有现象综合起来分析、归纳得出如下记忆要点：

（1）燃烧是否有火；

（2）燃烧的产物如何确定；

（3）所有燃烧实验均放热。

抓住这几点就大大简化了记忆量。氧气、氢气的实验室制法，同学们第一次接触，新奇但很陌生，不易掌握，可分如下几个步骤简化记忆。

（1）原理（用什么药品制取该气体）；

（2）装置；

（3）收集方法；

（4）如何鉴别。

如此记忆，既简单明了，又对以后学习其他气体制取有帮助。

2. 趣味记忆法

为了分散难点，提高兴趣，要采用趣味记忆方法来记忆有关的化学知识。如氢气还原氧化铜实验操作要诀："氢气早出晚归，酒精灯迟到早退。前者颠倒要爆炸，后者颠倒要氧化。"

针对需要记忆的化学知识利用音韵编成，集知识性与趣味性于一体，读起来朗朗上口，易记易诵。如从细口瓶中向试管中倾倒液体的操作歌诀："掌向标签三指握，两口相对视线落。""三指握"是指持试管时用拇指、食指、中指握紧试管；"视线落"是指倾倒液体时要观察试管内的液体量，以防倾倒过多。

3. 编顺口溜记忆法

初中化学中有不少知识容量大、记忆难、又常用，但很适合编顺口溜方法来记忆。

如学习化合价与化学式的联系时可记为"一排顺序二标价、绝对价数来交叉，偶然角码要约简，写好式子要检查。"再如刚开始学元素符号时可这样记忆：碳、氢、氧、氮、氯、硫、磷；钾、钙、钠、镁、铝、铁、锌；溴、碘、锰、钡、铜、硅、银；氦、氖、氩、氟、铂和金。记忆化合价也是同学们比较伤脑筋的问题，也可编这样的顺口溜：钾、钠、银、氢＋1价；钙、镁、钡、锌＋2价；

氧、硫－2价；铝＋3价。这样主要元素的化合价就记清楚了。

4. 归类记忆法

对所学知识进行系统分类，抓住特征。如记各种酸的性质时，首先归类，记住酸的通性，加上常见的几种酸的特点，就能知道酸的化学性质。

5. 对比记忆法

对新旧知识中具有相似性和对立性的有关知识进行比较，找出异同点。

6. 联想记忆法

把性质相同、相近、相反的事物特征进行比较，记住他们之间的区别联系，再回忆时，只要想到一个，便可联想到其他。如记酸、碱、盐的溶解性规律，不要孤立地记忆，要扩大联想。

把一些化学实验或概念可以用联想的方法进行记忆。在学习化学过程中应抓住问题特征，如记忆氢气、碳、一氧化碳还原氧化铜的实验过程可用实验联想，对比联想，再如将单质与化合物两个概念放在一起来记忆："由同（不同）种元素组成的纯净物叫作单质（化合物）。"

7. 关键字词记忆法

这是记忆概念的有效方法之一，在理解基础上找出概念中几个关键字或词来记忆整个概念，如能改变其他物质的化学反应速度（一变）而本身的质量和化学性质在化学反应前后都不变（二不变）这一催化剂的内涵可用："一变二不变"几个关键字来记忆。

8. 形象记忆法

借助于形象生动的比喻，把那些难记的概念形象化，用直观形象去记忆。如核外电子的排布规律是："能量低的电子通常在离核较近的地方出现的机会多，能量高的电子通常在离核较远的地方出现的机会多。"这个问题是比较抽象的，不是一下子就可以理解的。

9. 总结记忆法

将化学中应记忆的基础知识总结出来，用思维导图写在笔记本上，使得自己的记忆目标明确、条理清楚，便于及时复习。

比如将课本前四章记忆内容概括出来：27种元素符号的写法、读法；按顺序记忆1号—10号元素；地壳中几种元素的含量；元素符号表示的意义；原子结构示意图及离子结构示意图的画法；常见的化学式及其表示的意义；前四章化学方程式。

历史知识记忆法

很多同学会对历史课产生浓厚的兴趣，因为它的内容纵贯古今、横揽中外，涉及经济、政治、军事、文化和科学技术等各个领域的发展和演变。但也由于历史内容繁杂，时间跨距大，记起来有一定的困难。所以很多人都有一种"爱上课，怕考试"的心理。这里介绍几种记忆历史知识的方法，帮助青少年克服这种困难，较快地掌握历史知识。

1. 归类记忆法

采取归类记忆法记忆历史，使知识条理化、系统化，不仅便于记忆，而且还能培养自己的归纳能力。这种方法一般用于历史总复习效果最好。

我们可以按以下几种线索进行归类：

（1）按不同时间的同类事件归纳。

比如：我国古代八项著名的水利工程、近代前期西方列强连续发动的 5 次大规模侵华战争、20 世纪 30 年代日本侵略中国制造的 5 次事变、新航路开辟过程中的 4 次重大远航、二战中同盟国首脑召开的 4 次国际会议、中国工农红军 5 次反"围剿"、中国共产党召开的 15 次代表大会等等。

（2）把同一时间的不同事件进行归纳。

比如：1927 年：上海工人第三次武装起义、"四·一二"反革命政变、李大钊被害、"马日事变""七·一五"反革命政变、"宁汉合流"、南昌起义、"八七"会议、秋收起义、井冈山革命根据地的建立、广州起义。

归类记忆法既有利于牢固记忆历史基础知识，又有利于加深理解历史发展的全貌和实质。

2. 比较记忆法

历史上有很多经常发生的性质相同的事件，如农民战争、政治改革、不平等条约等。这些事件有很多相似的地方，在记忆的时候，中学生很容易把它们互相混淆。这时候采取比较记忆是最好的方法。

比较可以明显地揭示出历史事件彼此之间的相同点和不同点，突出它们各自的特征，便于记忆。但是，比较不能简单草率，要从各个方面、各个角度去细心进行，尤其重要的是要注意搜求"同"中之"异"和"异"中之"同"。

如中国的抗日战争期间，国共两党的抗战路线比较。郑和下西洋与新航路的开辟的比较。德、意统一的相同与不同的比较。对两次世界大战的起因、性质、规模、影响等进行比较，中国与西欧资本主义萌芽的对比。中国近代三次革命高潮的异同等。

用比较法记忆历史知识，既能牢固记忆，又能加深理解，一举两得。

3. 歌谣记忆法

一些历史基础知识适合用歌谣记忆法记忆。例记忆中国工农红军长征路线："湘江、乌江到遵义，四渡赤水抛追敌，金沙彝区大渡河，雪山草地到吴起。"中国朝代歌："夏商西周继，春秋战国承；秦汉后新汉，三国西东晋；对峙南北朝，隋唐大一统；五代和十国，辽宋并夏金；元明清三朝，统一疆土定。"

应当注意的是，编写的歌谣，形式必须简短齐整，内容必须准确全面，语言力求生动活泼。

4. 图表记忆法

图表记忆法的特点是借助图表加强记忆的直观效果，调动视觉功能去启发想象力，达到增强记忆的目的。

秦、唐、元、明、清的疆域四至，可画直角坐标系。又如隋朝大运河图示，太平天国革命运动过程图示，中国工农红军长征过程图示等等。

5. 巧用数字记忆法

历史年代久远，几乎每年都有不同的大事发生。如果要对历史有一个全面的了解，就必须记住年代。但历史年代本身枯燥乏味，难于记忆。有些历史年代，如封建社会起止年代，只能死记硬背。但也有些历史年代，可以采用一些好的方法。

（1）抓住年代本身的特征记忆

比如：马克思诞生，1818 年，两个 18。

（2）抓重大事件间隔距离记忆

比如，第一次国内革命战争失败，1927 年；抗日战争全面爆发，1937 年；中国人民解放军转入反攻，1947 年。三者相隔都是 10 年。

（3）抓重大历史事件的因果关系记年代

比如，1917 年十月革命，革命制止战争，1918 年第一次世界大战结束；巴黎和会拒绝中国的正义要求，成为 1919 年五四运动的导火线；五四运动把新文化运动推向新阶段，传播马克思主义成为主流，1920年共产主义小组出现；马克思主义同工人运动相结合，1921年中国共产党诞生。

（4）概括为一二三四五六来记

比如，隋朝的大运河的主要知识点：一条贯通南北的交通大动脉；用了二百万人开凿，全长两千多千米；三点，中心点是洛阳、东北到涿郡、东南到余杭；四段是永济渠、通济渠、邗沟和江南河；连接五条河：海河、黄河、淮河、长江和钱塘江；经六省：冀、鲁、豫、皖、苏、浙。

6. 规律记忆法

历史发展有其规律性。提示历史发展的规律，能帮助记忆。例如，重大历史事件，我们都可以从背景、经过、结果、影响等方面进行分析比较，找出规律。比如，资产阶级革命爆发的原因虽然很多，但其根源无非是腐朽的封建政权严重地阻碍了资本主义的发展。

在学习过程中，我们可以寻找具有规律性的东西，比如，在资产阶级革命过程中，英国、法国、美国三国资产阶级革命爆发的原因都是：反动的政治统治阻碍了国内资本主义的发展，要发展资本主义，就必须起来推翻反动的政治统治。而三国的革命，又都有导火线、爆发标志、主要领导人、文件的颁布等。在发展资本主义方式上，俄国和日本都是通过自上而下的改革来完成的，意大利和德意志则是通过完成国家统一来进行的。

7. 荒谬记忆法

想法越奇特，记忆越深刻。比如：民主革命思想家陈天华有两部著作《猛回头》《警世钟》，记法为一边想"一个叫陈天华的人猛回头撞响了警世钟，一边做转头动作，同时发出钟声响。"军阀割据时，曹锟、段祺瑞控制的地盘及其支持者可联想为"曹锟靠在一棵日本梨（直隶）树（江苏）上，饿（鄂——湖北）得快干(赣——江西)了。段祺瑞端着一大碗(皖——安徽)卤(鲁——山东）面（闽——福建），这（浙江）也全靠日本撑着呀！"

当然，记忆的方法多种多样，还有直观形象记忆法、联系实际记忆法、分解记忆法、重复记忆法、推理记忆法、信号记忆法、卡片记忆等等。在实际学习中，要根据自己的实际情况，选择适合自己的记忆方法。只要大家掌握了其中的一种甚至几种方法，学习历史就不再是可望而不可即的事了。

物理知识记忆法

物理记忆主要以理解为主，在理解的基础上我们在这里简单介绍几种物理记忆方法。

1. 观察记忆法

物理是一门实验科学，物理实验具有生动直观的特点，通过物理实验可加深对物理概念的理解和记忆。例如，观察水的沸腾。

（1）观察水沸腾发生的部位和剧烈程度可以看到，沸腾时水中发生剧烈的汽化现象，形成大量的气泡，气泡上升、变大，到水面破裂开来，里面的水蒸气散发到空气中，就是说，沸腾是在液体内部和表面同时进行的剧烈的汽化现象。

（2）对比观察沸腾前后物理现象的区别。沸腾前，液体内部形成气泡并在上升过程中逐渐变小，以至未到液面就消失了；沸腾时，气泡在上升过程中逐渐变大，达到液面破裂。

（3）通过对数据定量分析，可以得出沸腾条件：①沸腾只在一定的温度下发生，液体沸腾时的温度叫沸点；②液体沸腾需要吸热。以上两个条件缺少任何一个条件，液体就不会沸腾。

2. 比较记忆法

把不同的物理概念、物理规律，特别是容易混淆的物理知识，进行对比分析，并把握住它们的异同点，从而进行记忆的方法叫作比较记忆法。例如，对蒸发和沸腾两个概念可以从发生部位、温度条件、剧烈程度、液化温度变化等方面进行对比记忆。又如串联电路和并联电路，可以从电路图、特点、规律等方面进行记忆。

3. 图示记忆法

物理知识并不是孤立的，而是有着必然的联系，用一些线段或有箭头的线段把物理概念、规律联系起来，建立知识间的联系点，这样形成的方框图具有简单、明了、形象的特点，可帮助我们对知识的理解和记忆。

4.浓缩记忆法

把一些物理概念、物理规律，根据其含义浓缩成简单的几个字，编成一个短语进行记忆。例如，记光的反射定律时，把涉及的点、线、面、角的物理名词编成一点（入射点）、三线（反射光线、入射光线、法线）、一面（反射光线、入射光线、法线在同一平面内）、二角（反射角、入射角）短语来加深记忆。

记凸透镜成像规律时，可用"一焦分虚实，二焦分大小""物近、像远、像变大"短语来记忆。即当凸透镜成实像时，像与物是朝同方向移动的。当物体从很远处逐渐靠近凸透镜的一倍焦距时，另一侧的实像也由一倍焦距逐渐远离凸透镜到大于二倍焦距以外，且像距越大，像也越大，反之亦然。

5.口诀记忆法

例如，力的图示法口诀。

你要表示力，办法很简单。选好比例尺，再画一段线，长短表大小，箭头示方向，注意线尾巴，放在作用点。

物体受力分析：

施力不画画受力，重力弹力先分析，摩擦力方向要分清，多、漏、错、假需鉴别。

牛顿定律的适用步骤：

画简图、定对象、明过程、分析力；选坐标、作投影、取分量、列方程；求结果、验单位、代数据、作答案。

6. 三多法

所谓"三多"，是指"多理解，多练习，多总结"。多理解就是紧紧抓住课前预习和课上听讲，要认真听懂；多练习，就是课后多做习题，真正掌握；多总结，就是在考试后归纳分析自己的错误、弱项，以便日后克服，真正弄清自己的优势和弱点，从而明白日后听课时应多理解什么地方，课下应多练习什么题目，形成良性循环。

7. 试验记忆法

下面介绍一些行之有效的物理实验复习法。

（1）通过现场操作复习

把试验仪器放在试验桌上，根据试验原理、目的、要求进行现场操作。

（2）通过信息反馈复习

就那些在试验过程中发生、发现的问题进行共同讨论，及时纠错，达到复习巩固物理概念的目的。

（3）通过是非辨析复习

在试验复习中有意在仪器的连接或安装、试验的步骤、读数记数等方面设置一些错误，目的是让自己分辨是非，明确该怎么做好某个试验。

（4）通过联系复习

在复习某一个试验时，可以把与之相关的其他试验联系起来复习。

地理知识记忆法

很多学习高手总结出来的学习经验，对学习地理帮助很大，具体论述如下。

1. 形象记忆法

仔细观察中国地图，湖南省就像一个人头像；山东省就像一个鸡腿；黑龙江省好像一只美丽的天鹅站在东北角上；青海省的轮廓则像一只兔子，西宁市就好似它的眼睛。

把图片用生动的比喻联系起来就很容易记忆了。

地理知识的形象记忆是相对于语义记忆而言的，是指学生通过阅读地图和各类地理图表、观察地理模型和标本、参加地理实地考察和实验等途径所获得的地理形象的记忆。如学习"经线"和"纬线"这两个概念，学生观察经纬仪后，便能在头脑中形成经纬仪的表象，当需要时，头脑中的经纬仪表象便能浮现在眼前，以致将"经线"和"纬线"概念正确地表述出来，这就是形象记忆。由于地理事物具有鲜明、生动的形象性，所以形象记忆是地理记忆的重要方法之一。尤其当形象记忆与语义记忆有机结合时，记忆效果将成倍增加。

2.简化记忆法

简化记忆法实际上就是将课本上比较复杂的图片加以简化的一种方法。比如中国的铁路分布线路图看起来特别的复杂，其实只要你用心去看，就能把图片分割成几个版块，以北京市为中心可形成一个放射线状的图像。

3.直观读图法

适用于解释地理事物的空间分布，如中国山脉的走向，盆地、丘陵的分布情况等。用图像记忆法揭示地理事物现象或本质特征，可以激发跳跃式思维，加快记忆。这种方法多用于记忆地理事物的分布规律、记忆地名、记忆各种地理事物特点及它们之间相互影响等知识。

例如，高中地理下册第 7 章第 2 节中的我国煤炭资源分布，主要有山西省、内蒙古自治区、陕西省、河南省、山东省、河北省等，省区名称多，很难记。可以用图像记忆法读图，在图上找到山西省，明确山西省是我国煤炭资源最丰富的省，再结合我国煤炭资源分布图，找出分布规律：它们以山西省为中心，按逆时针方向旋转一周，即可记住这些省区的名称，陕西省以北是内蒙古自治区、以西是陕西省，以南是河南省，以东是山东省和河北省。接着，在图上掌握我国煤炭资源还分布在安徽省和江苏省北部，以及边远省区的新疆维吾尔自治区、贵州省、云南省、黑龙江省。

4.纵向联系法

学习地理也和其他知识一样，有一个循序渐进、由浅入深的过程。如中国气候特点之一的"气候复杂多样"，就联系"中国地形图""中国干湿地区分布"以及"中国温度带的划分"等图形，然后才能得出自己的结论。同时，你在此基础上又可以联系学习世界气候类型及其分布，这样你就可以把有关气候的章节系统地进行复习，以后碰到这方面的考题你就可以游刃有余了。

除此之外，还有以下几种值得学生尝试的记忆方法。

1.口诀记忆法

例1：地球特点：赤道略略鼓，两极稍稍扁。自西向东转，时间始变迁。南北为纬线，相对成等圈。东西为经线，独成平行圈；赤道为最长，两极化为点。

例2：气温分布规律：气温分布有差异，低纬高来高纬低；陆地海洋不一样，夏陆温高海温低，地势高低也影响，每千米相差6℃。

2.表格记忆法

就是把内容容易混淆的相关的地理知识，通过列表进行对比而加深理解记忆的一种方法。它用精练醒目的文字，把冗长的文字叙述简化，使条理清晰，能对比掌握有关地理知识，例如，世界三次工业技术革命，可通过列表比较它们的年代，主要标志、主要工业部门和主要工业中心，重点突出，一目了然。这种方法有利于提高学生的概括能力，开拓学生的求异思维，强化应变能力，提高理解记忆。

3. 归纳记忆法

就是通过对地理知识的分类和整理，把知识联系在一起，形成知识结构，以便记忆的方法。它使分散的趋于集中，零碎的组成系统，杂乱无章的变得有条不紊。例如，要记住我国的土地资源、生物资源、矿产资源的特点，可归纳它们的共同之处是类型多样，分布不均；再记住它们不同的特点，就可以把土地资源、生物资源和矿产资源的特点全掌握了。

4. 荒谬记忆法

荒谬记忆法指利用一些离奇古怪的联想方法，把零散的地理知识串到一块在大脑中形成一连串物象的记忆方法。通过奇特联想，能增强知识对我们的吸引力和刺激性，从而使需要记忆的内容深刻地烙在脑海中。如柴达木盆地中有矿区和铁路，记忆时可编成"冷湖向东把鱼打（卡），打柴（大柴旦）南去锡山（锡铁山）下，挥汗（察尔汗）砍得格尔木，火车运送到茶卡"。

总之，地理记忆的方法多种多样，中学生根据不同的地理知识采取不同的记忆方法就可以达到记而不忘，事半功倍的效果。

政治知识记忆法

政治知识记忆的方法有很多种，这里简单介绍以下几种方法。

1. 谚语记忆法

谚语记忆法就是运用民间的谚语说明一个道理的记忆方法。

采用这种记忆方法的好处是：

（1）可激发自己的学习兴趣，促进学习的积极性，变厌学为爱学，变被动学习为主动学习；

（2）可拓宽自己的思路，提高自己思维的灵活性；

（3）能培养自己一种好的学习习惯，通过刻苦钻研，从而在自己的学习过程中克服一个个难题。

采用这种记忆法应注意以下几点：

（1）谚语与原理联系要自然，千万不能生造谚语，勉强凑合；

（2）谚语所说明的原理要注意准确性，千万不能乱搭配，不然就会谬误流传；

（3）谚语应是所熟悉的，这样才能便于自己的记忆。

例如，"无风不起浪""城门失火，殃及池鱼"……说明事物之间是相互联系的，是唯物辩证法的联系观点。

如"山外青山楼外楼，前进路上无尽头""刻舟求剑"等这些都说明了事物都是处于不停的运动、发展之中的，运动是绝对的，静止是相对的，这是唯物辩证法发展的观点。

2. 自问自答法

自己当教师提问，自己又作为学生对所提问题进行回答的方法，称之为"自问自答法"。

在学习过程中，对一些最基本的问题就可以用"自问自答法"进行。例如：

问：商品的两个基本属性是什么？

答：是使用价值和价值。

问：货币的本质是什么？它的两个基本职能是什么？

答：货币的本质是一般等价物。价值尺度、流通手段是它的两个基本职能。

自问自答法不仅可以用于基本概念和基本原理的学习中，对于一些较复杂的知识的学习也可用此法进行，而且效果也很好。

比较复杂的学习内容，经过自问自答，就会条理清晰，便于记忆和理解。所以，"自问自答法"是一种比较常用的理想的记忆方法。

3. 举一反三法

在学习过程中，对某个问题进行重复学习以达到记忆的目的的方法称之为举一反三法。

"举一反三"的记忆方法并不是说对同一问题简单重复2—4

次，而是指对同一类问题从不同的角度，反复进行学习、练习、讨论，这样才能使我们较牢固地掌握知识，思维也较开阔，才能学得活、学得好、记得牢。

如对商品这一概念的理解，我们运用"举一反三法"，真正掌握了任何商品都是劳动产品，但只有用于交换的劳动产品才是商品；商品的价值是凝结在商品中无差异的人类劳动，如1件衣服能和3斤大米交换，是因为它们的价值是相等的。千差万别的商品之所以能够交换，是因为它们都有价值，有价值的物品一定有使用价值……如此从多种角度反复进行，就能牢固地掌握商品的基本概念及与它相关的一些因素，使我们真正获得知识，吸取精华。

4. 厘清层次法

要善于把所学习的基本概念和原理进行分析，找出每一个层次的主要意思，这样就便于我们熟记了。

例如，我们学习"法律"这一基本概念，用"厘清层次法"就较为科学。这个概念我们可以分解成这么几个部分：

（1）它是反映统治阶级的意志，维护统治阶级的根本利益的（法律不维护被统治阶级的利益）；

（2）由国家制定或认可的（没有这一点，就不能称其为法律）；

（3）用国家强制力的特殊的行为规则（国家通过法庭、监狱、军队来保证执行）。

采用这种厘清层次的方法，不仅便于熟记这一概念，而且也不易忘记。

5. 规律记忆法

这种学习方法就是要我们在学习中，注意找到事物的规律，以帮助我们牢记。在基本原理的熟记中，这种学习方法可谓是最佳方法。

例如我们根据对立统一规律就能熟记：内因和外因、主要矛盾和次要矛盾、矛盾的主要方面和次要方面、矛盾的特殊性和普遍性、量变和质变、新事物和旧事物等都会在一定的条件下互相转化。

"规律性记忆法"能以最少的时间熟记最多的知识。

在政治课的学习中，如果能把上面介绍的 5 种学习方法融会贯通，交替使用，无疑对提高学习效果是有积极意义的。

第六章

学会高效快速地阅读

——学霸获得优势的硬核技能

为自己的阅读"把把脉"

阅读就是从书面材料中获取信息的过程。自始至终，阅读都应该是一个主动的过程，是由阅读者根据不同的目的加以调节控制的。每个人在阅读方面都有不完美的地方，在高效学习和工作的今天，只有读得快、读得多，才能适应时代学习的要求，从而完善自己的知识结构。

总有一些人对自己的阅读效果不满意，他们总认为是自己的阅读存在一些问题，但又不知道到底问题出在哪儿？

在阅读本节以下内容之前，你可以就阅读中存在的所有问题以思维导图的形式列出来，并严格要求自己，你找出的问题越多，那么，以后改进的就会越全面。

如果给阅读下个定义的话，它是指从书面材料中获取信息的过程。这个书面材料主要是指文字，也包括符号、公式、图表等。

一般说来，在你学会快速阅读之前，你需要克服 3 种我们从小学以来的不良阅读习惯。如果没人告诉我们，我们的阅读有什么不妥的话，我们会在每次阅读过程中不自觉地沿用这些阅读习惯。

为什么学霸都是方法控

正是这些阅读习惯的负面影响，导致我们的阅读事倍功半，没什么效果，同时，让人感觉到压抑和沉重。

3种不良的阅读习惯分别为：默念、逐字阅读、回头阅读。

这3种阅读习惯或多或少地存在于每个人的身上，有些人虽然没听说这三种习惯，却一直在使用它们，也没有意识到自己有这种习惯。一旦你了解了它们，你就会意识到你的阅读一直在受它的抑制。

1. 默念

不知你发现没有，这种不出声地复述词句会使你的阅读速度变得很慢，其中一个原因是，我们的大脑思考和阅读词句的速度远远快于我们说话的速度。而默念比说话更慢。

就以阅读英语单词为例，如果你平时默念单词的最快速度是每分钟150个单词，那么，出声阅读的最快速度大约为每分钟200—300个单词，可见差别有多么大。

2. 逐字阅读

逐字阅读，不仅会减慢阅读速度，还会妨碍对文章内容的理解。此外，逐字阅读还会在许多时候把意思完整的句子割裂成字、词，注意力被单个字、词所分散。容易让人在阅读中妨碍和减慢了对全句或全段的理解及记忆，无法把握文章更完整的意思。

3. 走回头路

这个习惯恐怕也比较普遍。

可以说，回头阅读是快速阅读最大的障碍。走回头路，是指我们一边阅读一边返回检查前面阅读过的部分，检验我们对某个字词或句子的理解是否正确。回头阅读是一种无意识行为，主要原因是阅读者的精力不集中、粗心马虎，或是怀疑自己的记忆与理解力有问题，总认为看得快就会看不清、记不住，所以不断地返回重读，而不是专注向前迎接新的内容。

走回头路的阅读方式，不仅不能改善我们的理解，而且事实上它还可能影响我们的理解。因为每遇到一个词语就停下来反复琢磨，就会影响我们大脑功能的发挥，使它不能从整体上把握阅读材料的含义。结果，新的内容得不到充分理解，只好又回头重读。返回重读又造成信息的混乱、流失，影响记忆，因此，形成了恶性循环，读得越多，越需要返读。所以，读者在练习中，一是强化注意力，二是增加自信心，从心理和视觉两方面进行练习与调整。

将阅读速度提高一倍

阅读可以变得更便捷，更高效。

如果你感觉自己的阅读速度慢，现在有一种能使你的阅读能力提高一倍、两倍、甚至数倍的方法，你会有什么反应呢？

生活中，不少人都有着庞大的阅读计划，但他们常常被自己的阅读计划吓倒。他们认为阅读是件苦差事。殊不知，正因为他们带着这种念头去阅读，所以才会觉得读书很困难。他们可能因此放弃阅读，任凭阅读材料逐渐累积下来。很快，他们被远远抛在后面，看着那些堆积的材料和书籍，他们越发体会到读书的可怕，越发觉得是件苦差事。

其实，你之所以会感觉阅读是一件苦差事，主要是因为不知道如何更快捷地阅读，我们阅读的目的不在于读得更快，而在于读得更加简单、有效。

你不必为了提高阅读技巧而学习技巧。生活中，你可以通过加快自己阅读信件、书籍、报刊文章及其他信息的速度来提高自己。

有一个调查告诉我们，在我们读过的内容中有90%多属于无关紧要的部分。其中大部分文字啰唆或与我们感兴趣的主题没有关系。事实上，只有10%甚至更少的内容包含了我们用得着的信息。

这一点给我们的提醒是，如果你能跳过这90%不必要的内容，直接阅读能用得着的那10%的内容，想想看，你可以节省多少时间和精力？用同样的时间，你可以多读成倍的内容。

为了提高我们的阅读速度，我们一定要避免陷于细节之中。

有时候，作者在文章中为了表达某种观点，常常添加一些细节的东西，其实，这些细节不是你关注的重点，细节的作用仅仅是作者对观点的阐释。实际上，你阅读的目的是找出自己需要的要点出来。

另外，要能分辨出哪些是你不必阅读的部分，如果与主题无关，你可以跳过去不需要对它进行阅读。比如，一篇文章里有很多材料，有时大多数材料都与你感兴趣的主题没什么联系。只有一部分直接与你关心的方面有关。不管那些无关的材料占了多大的比例，你都应该跳过它们。然后，把注意力用在发现和阅读有关部分上。这样，自然就节省下了很多属于你自己的时间，也提高了阅读效率。

还有一点就是，只阅读作者为你指出的关键部分。因为很多作者都在各自的书籍、杂志、说明书、报告等各种阅读材料中为你指明了哪些要点比较重要，从哪部分开始转入另一个话题。

我们还可以注意到的是，几乎所有出版物都用一些加大号的黑体字做大小标题，以提醒读者接下来讨论的可能是一个新主题。通常，这些标题对随后的要点进行了高度概括。你肯定已在报纸、书籍、报告等各种书面文字材料上见过这样的标题。所以，直接阅读这些关键部分的主题，会对你的阅读起到很大的作用。

总之，提高阅读速度是有方法和技巧可寻的，关键在于你持续不断地努力和改进。

为什么学霸都是方法控

用"阅读图"来节约更多时间

现在，我们已经进入了一个"知识爆炸"和快速阅读的时代，我们每天都需要阅读大量的材料和信息，同时，还要从这些信息中筛选出有用信息，这时候，很多人感觉最缺少的就是时间。

生活中，人们一方面感觉自己的时间不够用，另一方面又感觉是在浪费阅读时间，其实，原因是他们不知道一个简单的秘密，即绝大多数非虚构类的杂志、文章、报告和书籍是按一种普遍的结构或模式编写而成的。

比如，就拿我们常见的地图来说，如果你能根据一张"阅读图解"来阅读，它就能使你更快到达目的地，你也会知道该在何处停留，哪里有捷径，更为重要的是，"阅读图解"能帮你更快地找到你所需要的信息。

随着"读图时代"的到来，各种各样的图铺天盖地呈现在人们眼前，读图已经成为风尚，读图更成了节约时间的另一种选择。

在生活中，"阅读图"是一个简单有效的形式。

在我们周围，凡是所能接触到的图像，都有一个共同的优点：生动形象，信息量大，给读者带来了便捷。

从具体的阅读体验上来说，对文字的阅读需要人们动用比较多的脑力资源（对文字符号进行意义解读，以及进行逻辑思维）

和体力储备（必须将视力一次对焦在一个又一个的字母或者汉字上）。

而"读图"则较多地使用人类形象思维，书籍和杂志编辑们正在试图把图片变得越来越大，人们对图片的解读似乎根本不费什么力气。

其实，阅读图和思维导图具有异曲同工之妙。

使用"阅读图"时，根据一般的步骤，先快速浏览一遍内容，确定你关注的主题，就像确定思维导图的中央图像一样。

接着阅读各级标题，这些标题可以看作思维导图的主要分支。

根据这些，试着了解重要观点和论据。

然后找到自己最感兴趣的信息，进行重点分析。同时，忽略那些无关紧要的部分。

当发现某些标题下面内容没有价值时，立即返回，阅读其他部分。据此，进一步绘制思维导图。

于是，在这种阅读中，便节约了大量的时间。而这些时间，对你来说，将有另外的更大的用处。

让高效阅读变得更有价值

现在，高效阅读已成为时代对每个人的要求，随着高效阅读时代的到来，面对大量的知识与信息，你是否考虑过，我们怎样使不断加快的阅读变得更有价值呢？

因为我们都明白这样一个道理：时间就是金钱，那么高效阅读节约的时间，就是我们的"摇钱树"。

也许有一些人会问，我还没有达到高效阅读这一步呢？谈什么使它变得更有价值呢？

在这里，有个心理学家的实验表明，我们在阅读过程中，眼球并不沿着每个字连续不断地移动，而是经常出现眼球的停顿，即抓住一些字静读一下后再移向另一些字上面。

阅读是眼球一连串快速地跳动。眼球停视时才能感知到字句，可以说，阅读过程的 90% ~ 95% 的时间属于眼球停视，而眼动只占全部阅读时间的 5% ~ 10%。每次眼球停视获得的文字信息的大小与视觉广度有关，视觉广度大的可见 6 ~ 7 个字，小的只有 3 ~ 4 个字，有时一个字还需经过 2 ~ 3 次的注视，有时还需要重复回视，这样，回视次数越多，那么，所占用的时间也越多。

高效阅读与低效阅读的区别不在于眼球运动的速度，而在于眼睛固定时所视知的材料，实验表明，人的智力与理解力在同等时间内，眼睛固定的总量相等，而两者所读的词汇量却相差 4 倍之多。

在这里，纵向跳跃，即无声阅读的方式，可加快眼球跳动次数，增大眼球跳动幅度，可以大量收集信息资料，同时还可以减少注视次数，使阅读更高效。

相比较传统的字、词、句阅读，按行从左至右逐行阅读方式，高效阅读不是逐字阅读，而是一次凝视比较多的文字，减少注视次数，扩大视野广度，眼球停视时多抓一些文字信息，能抓住要点，用较少时间，获得较大阅读量。

实际上，进行高效阅读的方法很多，比如逆读法、预读法、略读法、跳读法、错序读法、前后交叉读法，等等。

为了使我们的高效阅读变得更有价值，在阅读过程中，面对蜂拥而至的大量信息，我们不能只是贪图阅读的量有多大，而应保持它们的质量，具体可从以下两个方面着手。

1. 弄清楚阅读信息的真假

在阅读过程中，我们常常能够对所见所闻所读的信息的正确性迅速作出自己的判断，在这方面，你可能不需要去查找很多资料，也不必到处征求别人的意见和建议。因为这些材料，自始至终加入了你自己的判断。

比如，阅读材料中有没有含糊不清的定义或术语。真实的信息总是通过准确的词句和数据来表达。看看有没有一些含糊不清的词句，可以使人们从不同角度对它们做出各种解释。

比如，能不能确定材料中的信息来源。如果我们经常听演讲的话，我们就要留神了，因为很多演讲者的所引用的信息并不一定是恰当的，在我们未亲自弄清楚之前，不要轻易相信。

再比如，阅读的资料是一手资料还是二手资料。我们都明白，最好的最有用的信息当然是第一手的，因为这些资料来自那些非常清楚自己在说什么的人那里。如果你获取资料的渠道是在引用第二手、第三手，甚至第四手资料，这种情况下，资料中歪曲事实的可能性就在不断增大，歪曲事实的程度也会越来越严重。

2. 识别信息中隐蔽的细节

在这方面，主要是针对一些经过作者加工、隐藏了的信息，或对通过具有感情色彩的语句来误导你的结论的资料信息进行探讨，发现作者所使用的小手段，只要你了解了作者所玩的这些小伎俩，就会轻易识别那些被隐藏的信息了。

比如，作者只向你呈现对他的观点有利的资料，并故意省略那些与作者观点相违背的事实部分。他们这样做的目的就是让你接受它们，认可它们。

再比如，有一些信息就是为了分散你的注意力，让你无法发现作者论断的漏洞，并让你没有机会就对方的结论里的逻辑问题提出疑问。

有的阅读信息中可能会使用一些带有情感色彩的论断，以此来煽动读者的情绪，谋取读者的支持，甚至鼓动读者来反对别人，从而传播他的观点。如果你发现了这类带有情感倾向的论断，一定不要管它，并赶紧去其他地方寻找你需要的更有价值的信息。

总之，利用高效的阅读方法，避免陷入无价值阅读的误区，一定能帮助我们更好地工作和学习。

最后，请你针对以上内容要点，结合自己的理解，绘制出一幅有关阅读与价值之间的思维导图。

神奇的全脑阅读法

"全脑阅读法"是指在利用左脑的同时注意开发右脑的一种阅读方法。

"全脑阅读法"的观点是：在阅读中，共同开发左脑和右脑使之协调一致，彼此配合，以达到开发大脑潜能、提高阅读效率的目的。

"全脑阅读法"主要由以下 3 个部分组成。

1.全脑快速阅读

此法是人们从文字中迅速有效地提取所需信息的阅读法。人们习惯于从向左向右的阅读顺序，传统的音读是从左脑输入信息的，阅读速度慢。全脑快速阅读是视读法，把文字当作图，从右脑输入信息，全脑处理。由于全脑直接反映而省去了发音和听觉器官的活动，所以大大提高了阅读速度。

2.全脑图示阅读

此法特色是以"图"析"文"。它讲究形象性、整体性、凝练性和美学性。它也是从右脑输入信息，全脑处理。图示是展示文章的"屏幕"，学习文章的"导游图"，是阅读教学的微型形象课文。

3. 全脑反刍阅读

在这里，一是抓语感训练。通过诵读领悟法、触发意会法、语境揣摩法、比较推敲法、练笔感受法等，从整体上培养对语言的敏感。二是抓形感训练。通过说文解字法、角色扮演法、想象作文法等，培养对形象的敏感。三是抓语理训练。语理是指语文理法，即语法、修辞、文章、逻辑等法则。捷克教育家夸美纽斯说过："规则可以帮助，并且强化从实践得来的知识。"

上述三种训练方法，语感训练和形感训练偏重于右脑，语理训练偏重于左脑。左右脑协调，就能提高阅读效率。

在全脑训练过程中，我们还必须重视精读法。

精读就是读文章的时候逐字逐句、逐段逐节、深入细致阅读，弄懂弄通和把握基本概念、理论、观点以及全部内容，并进行研究与探索，这样的阅读就是精读。

精读法有点像蚕吃桑叶，细嚼慢咽，便于消化吸收。那些自我进修、自学成才的人士，也多采用这种方式读书学习。

进行精读法训练时，我们应该做到"五到"：

第一到：心到。集中精力，全神贯注阅读；

第二到：口到。在朗读与背诵时，声音要清楚、响亮；

第三到：眼到。眼睛及时聚焦，阅读仔细、认真；

第四到：手到。在边读书的时候，边做笔记或者摘要；

第五到：脑到。在阅读的时候，勤奋用脑，不断思考。

专业人士由于工作与职业的需要，也要阅读图书资料，他们大多是精读，阅读的目的在于学以致用，是为了分析问题、解决问题而进行的阅读。

对于某些自己喜欢的知识材料以及为了某些特定的目的，也可以展开精读。对那些无关紧要的或者与自己联系不大的资料，就不一定要精读了，以免浪费自己的时间、精力。

全脑阅读过程中，为了赢得时间，加强效率和效果，增强驾驭知识的能力，更有效地采用相关知识解决实际问题，就要把握详略。

要是在读书时面面俱到，什么也不舍得放弃，没有选择与侧重点，不掌握轻、重、缓、急，平均使用力量，就会造成精力与时间大量浪费。因此要采用略读的方法，学会、学透知识，并且加以实际运用。

不是什么内容都要略读。切记：略读并不是省略去掉不读，是省略书中某些无关紧要的地方，选出重要或必要的内容进行阅读，千万不要误会成略读是把重要的内容省略不读，略读在下述情况下展开：某些阅读材料不需要精读；没有足够的精力与时间精读；阅读内容中某些部分同读者阅读关系不大等。

"一目十行"古来就有。《三国演义》中记述了张松速读曹操的《孟德新书》"一目十行"。他当着杨修的面，复述曹操这本兵书的内容，讥讽曹操这本兵书在四川人人都会，连儿童都知道，曹操得知后便命令，当即烧毁了自己苦心编出的这部兵书。由此可见，这种速读技术的作用是如此之大。

扫描速读为全新的高效的阅读方式。当人们拥有这种技术之后，可以大幅提高阅读速度，比原来的阅读速度快 8 倍以上。用这种速读进行泛读、略读或精读，也比常人速度快。

扫描速读法不是指走马观花、粗枝大叶、草草了事，速读既要求快，又要求质量。对阅读材料进行快速阅读，即采用超常的阅读速度和特殊技术进行阅读，就是扫描速读。这种速读技术通常要经过专门训练与练习，才能够加以掌握与运用。

进行扫描速读应该把握以下原则：

（1）快速反应原则。这要求我们在扫描速读之前要高度集中留意力，快速反应，使眼睛与大脑灵敏自如、互相配合、协调一致。

（2）视读材料原则。可以采用不出声的泛读方式进行速读，即采用默读的方式，容易使留意力集中在关键的内容上面，对无关紧要的内容可以一扫而过。

（3）逐步提升原则。值得注意的是，这个要在把握速读思想之后，先慢后快，由慢到快，层层递进，不断升级，最后养成快速泛读的智力和习惯。

（4）掌握文法的原则。应该对连接词、副词等尽量熟悉，以便于在速读的时间跳过去，腾出时间来抓关键的地方。

（5）注意积累原则。这要求我们在平时要下足功夫，速读起来就比较有利。

（6）广泛运用的原则。即要求我们把速度在现实生活中广泛加以运用。

最后，为了达到扫描速读的目的，还可以这么着手准备：

（1）浏览那些除正文之外的所有消息，这同精读、略读大致类似。

（2）关注封面，对阅读图书的书名、作者、出版社等进行浏览，做到心中有数，看该书反映了什么主题，对个人的意义如何。

（3）关注提要，这个能帮助你判断需不需要读这本书，有没有阅读的价值。

（4）进行列表，这样做的好处是可以反映全书的整体架构，让人一目了然。

（5）看序跋，序、跋反映了该书作者有关消息，如作者的书面表达意图、背景、主旨等。

（6）阅读正文，正文是扫描速读的核心部分。

总之，不管我们选择什么样的阅读方式，都应该建立在自己丰富的知识体系上，在这个基础上，进行全脑阅读法的训练，让阅读更快捷、更有效、更实用。

看书还需因"材"而读

学习是一个阅读的过程。

在我们所遇到的诸多材料中，我们应根据不同的阅读资料、不同的阅读目的来变换我们的阅读速度。唯有如此，我们才能成为一位高效阅读的学习者。

在阅读之时，我们往往会以同一种方法去阅读各种不同的阅读资料，这种阅读习惯是十分错误的。我们要做阅读的主人，而不是阅读的奴隶。在阅读中我们要不以一种唯一的速度，而要灵活地变换读速，并发展和培养对阅读速度的控制能力。同时，这也是快速阅读的要诀。

阅读速度是多种多样的。为了解情节而读小说，可以读得很快。但是，读教科书或必须记忆的参考书，就不能太快。好的读者，会根据阅读的目的、所阅材料的性质和难易程度，以及自己的阅读能力和所掌握的背景知识，不断地自由调节阅读速度。

根据材料不同，阅读速度大致有以下 3 种。

1. 精读速度

这是最慢的阅读速度，用于难读的材料，要求获得高度理解的内容或希望牢固记忆的材料。在精读时，应力求仔细钻研材料，解决疑点、难点，记住要点。这时，阅读速度每分钟大约在 250 字以下，理解率在 90%以上。但是，即使是这种精读，也应先将材料快速阅读一遍，然后回头再来看第一遍遗漏的细节，或在重点部分画线圈点，或摘录提要，或针对思考题回答。速读与精读相结合的"精读法"，一般要比单纯的精读法效果更好，理解和记忆得更深刻。

2. 普通阅读速度

这是最常用的一种阅读速度，用于日常对文件、小说、报刊、杂志或浅易课本等的阅读。这种阅读速度每分钟在 250—500 字，理解率在 80% 左右。

3. 速读速度

这是最快的阅读速度，用于时间紧迫、必须快速阅读时，或无须高度理解的材料。如从大量报告、刊物和众多的补充读物中迅速获取大意或信息。这是一种有用的技巧，学会这种技巧，将终身受益无穷。这种阅读速度每分钟大约在 500 字以上。

阅读时究竟采取哪种速度，要由阅读目的来决定。阅读目的是因人而异，因情况而异的。同一本书，对某人来说是为学习和研究而读，但对另一个人来说则是为了欣赏。但是，不管怎样，我们都应该做到目标明确，以便确定不同的阅读速度和理解程度。

阅读能力不强的人，往往不管读什么东西、为什么目的，读速总是一成不变，或者总以同样的理解程度来阅读所有的材料。虽然这些人中的不少人，也能把读过的东西完全理解并记住，但是对于要想成为一个快速高效阅读的人来说，你必须随阅读目的和读物内容的不同，灵活地调整阅读速度，选用不同的速读方法和技巧，做到在阅读中要快则快，要慢则慢，当精则精，当粗则粗，迅速掌握所读材料的内容。

其实，我们的阅读就如同欣赏美妙的音乐一样，一旦听到美妙的乐曲时，往往会如痴如醉，有时忍不住跟着哼唱起来。音乐的魅力在哪里呢？答案就在于音乐充满了节奏感。我们的阅读同样也需要节奏感。当我们带着节奏感去阅读不同的材料时，我们的阅读就变成了一种享受。

掌握快速阅读的方法

阅读速度与学习成绩之间有着直接的关系，能够快速阅读的人，往往能取得优异的成绩。

快速阅读简称速读，是指人脑从眼睛看到的文字当中迅速吸取有用信息的一种读书方法。通俗点讲，速读就是高速度、高效率的阅读。古今中外，快速读书者不乏其人。

如我国三国时期的诸葛亮"读书敏速，行俱下"；现代文学巨匠郭沫若，17岁时，竟在一夜之间读完了一百多万字的文学名著《红楼梦》；无产阶级革命家高尔基是快速阅读的能手，他看完一页用不了一分钟；曾任过美国总统的肯尼迪能以每分钟2000个字的速度阅读小说、新闻报纸和例行报告。

当今社会是信息社会，当今时代是知识爆炸的时代。每个人都有"读不完的材料，看不完的书报"。为了能适应时代的需要，更有必要掌握快速阅读的方法。实际上，阅读速度与学习成绩之间有着直接的关系，在阅读速度快的同学中，学习成绩良好和优秀的占53%；在阅读速度慢的同学中，成绩良好和优秀的还不到4%。美国已经确定了全国统一的阅读速度标准，据规定，低年级学生的读书速度每分钟为80～158个单词，中年级学生为175～204个单词，高年级学生为214～250个单词，大学生为

250～280 个单词，高级专家为 340～620 个单词。

怎样才能养成速读的习惯呢？最重要的是掌握速读的方法：

1. 计时阅读法

计时阅读法是速读训练的基本方法。通过计时训练，使思想高度集中，让阅读成为一种快速、高效地摄取、筛选与储存知识信息的过程。训练前选好一段或一篇文章，记下开始阅读的时间，阅读完后，再记下自己所用的时间，然后把阅读材料合上，凭第一遍阅读的理解与记忆，回想所读文章内容或回答有关问题。

2. 总体阅读法

总体阅读是把全文完整地、连贯地作快速阅读。它是各种快速阅读方法的基础。人的大脑有一种特性，在接收信息时具有明显的选择性，在处理信息时能够遵守严格的程序。因此，在阅读训练中如能使自己逐渐形成一个固定的思维程序，对提高阅读速度将起到很大的作用。

根据这一"定式"理论，可给自己规定一个阅读的固定程序。每当读一篇课文依次解决四个问题：题目、文章的大意、文章最能打动自己的部分、从文中感受到什么。这四个问题只要在头脑中形成习惯，一看课文就自然循着这些问题去理解，久而久之形成阅读的固定思维程序，阅读速度自然就会快起来。

3. 意群注视法

传统的阅读法，是一个字一个字地看，眼睛要作多次不必要的跳动和停顿。所谓意群注视法，就是在阅读时不是一个字一个字、一个词一个词地读，而是把句中相关的词连成一个较大的单位，一组一组地读，而且一边读，一边理解。

我们要改变逐字阅读的习惯，注意视线的垂直移动，不左右扩大眼睛的视幅，多抓一些文字信息，争取一瞥之下能同时理解注视停顿点周围的一个字群或意群，以增加单位时间内阅读的字数，减少眼停的次数。

程序训练，提升速读记忆的锦囊

程序阅读指的是按照一定的固定程序来进行阅读训练。大脑具有对信息选择吸收的特征，在处理这些信息时，我们的大脑同样有相应严格的程序。

大脑能否采用简单有效的方法，对获得的资讯重新编码是速读记忆的关键所在，固定程序阅读方法，正好符合这一特点。

程序阅读一般就是按照以下的两个步骤来阅读：

首先，浏览内容

内容一般分为 7 个部分：

（1）文章或书的题目；

（2）文章或书的作者；

（3）出版者与出版时间；

（4）文章或书的主要内容；

（5）文章或书反映的重要事实；

（6）写作特点或者具有争议之处；

（7）新的思想以及启示。

其次，速读正文

这一部分是核心内容。

（1）速读内容，抓住大意，注意力高度集中，选择哪些地方详读，哪些地方略读。详读的地方也要快速，但这种读千万不要以损害质来取量。

（2）速读和快速思考紧密结合，不能只读不理解，也不能只理解，放慢了速度，既要有量又要有质。

（3）让速读、记忆和思考三位一体，读有所得，读有所记，最好是把阅读内容和自己的知识结构组合起来，产生共鸣，这是速读的理想境界。

（4）总结。

对速读的内容进行总结、整理、加工、记忆、存储，把零散知识变成自己知识体系的一部分，可以从中得到心得体会和成果，还可以把它们写下来，必要的时候便于查找。

良好的固定程序阅读习惯，可以极大地提高我们的阅读能力，在遇到比较艰深的内容时，也可以顺利阅读和记忆，只是在阅读过程中，应当尽量避免回读，在必须回读的时候，可以在完成之后再进行。

为什么学霸都是方法控

第七章

学霸的脑回路跟你不一样

——你不是不聪明，是没有掌握思考的诀窍

学习就要"刨根"加"问底"

爱因斯坦曾说:"提出一个问题往往比解决一个问题更重要,因为解决问题也许仅是一个数学上或实验上的技能而已,而提出新的问题,却需要有创造性的想象力,标志着科学的真正进步。"

伽利略是意大利伟大的物理学家、天文学家,他在力学上的贡献是建立了落体定律,发现了物体的惯性定律、摆振动的等时性、抛物运动规律,确定了伽利略原理,这一切的成就与他的好问是分不开的。他在比萨大学读书期间,就非常好奇,经常提出一些问题,比如"行星为什么不沿着直线前进"一类的问题。有的老师嫌他问题太多了,可他从不在乎,该问还问。有一次,伽利略得知数学家利奇来比萨游历,就准备了许多问题去请教利奇。这一次可好了,老师诲人不倦,学生就没完没了地问。伽利略很快就学会了关于平面几何、立体几何等方面的知识,并且深入地掌握了阿基米德的关于杠杆、浮体比重等理论。

物理学家、诺贝尔奖获得者李政道先生说得好:"打开一切科学的钥匙毫无疑问是问号。"

因此,要想在学业上有所建树,必须有好奇之心,善问之意。

学生年龄小，知识有限，面对大千世界，一定会产生强烈的好奇心和求知欲。学起源于问，学总是和问紧紧相连的。要学会做学问，就是首先学会问，俗语说得好，"不学不成，不问不知"。可是，在某小学的一项调查显示：80%的学生在课堂上不提问或偶尔提问，只有20%的学生经常提问，近半成学生不喜欢提问。至于不喜欢提问的原因，55%的学生是怕难为情不敢提问，45%的学生觉得没有问题可提，有85%的学生觉得自己提出的问题质量不高，不高兴为问而问。

不敢提问主要是对学习上的问题有一种畏惧心理，害怕自己的不懂会招来老师、同学的耻笑。这种畏惧心理是一种不良的情绪表现，长期下去，对大家的心理健康很不利，也会导致学习成绩下降。

学生上学读书，除了要学会别人提的问题，还要学会自己提问题。因为学习本身就是一个从无疑到有疑，再到无疑，不断循环往复的矛盾运动过程。知识浩如烟海，学习没有止境。要想真正学到知识，除刻苦之外还应培养自己"每事必问"的精神。

那么，怎样才能学会提问呢？

1. 自我暗示，增强信心

五年级的小芳很胆小，平时不爱说话，家里来了客人就躲回自己的小屋，上课时更是几乎不发言。老师点名叫她回答问题，她要么支支吾吾，要么声音小得连自己都听不清。她不敢回答问题，更不敢向老师提出问题。

最近，小芳特别烦，因为老师每一节课都要求学生讨论并且提问。每一次小组里其他人都发言了，每次同学们举手提问，她也想问，可又确实不知道怎样问。有一次，小芳问老师："惭愧是什么意思？"同学们都笑她，这样一来，本来胆小的小芳更不敢提问了。

相信许多不爱提问的同学也有和小芳一样的烦恼，不是不想问，是不敢问。解决这个问题并不难，关键是自己要有勇气有自信面对困难。以前不爱提问的小兰说："我以前上课时也不敢发言，一听老师叫我的名字就紧张，现在可没有这个问题了。我的窍门是，不管是回答问题还是提出问题，都要暗暗地给自己鼓劲儿：'我能行'，'再努一把力就会做好的'，'我不会被困难吓倒'……自己给自己壮胆，久而久之，就敢说敢问了。"你还可以在铅笔盒里放一些提示性的小纸条，如："今天你提问了吗？""我爱读书，我会思考，我敢提问。""大胆提问我最棒！"让自己时刻感受到敢于提问是光荣、自豪的事情，没有什么值得害羞的，相反，不敢提问题才会被人笑话的。

2.学会提问，要学会观察和思考

先来听一下优等生小方的成功经验：

"学海无涯苦作舟"，怎一个"苦"字了得！有句话说得好："物理难，化学烦，数学作业做不完。"对曰："语文背，历史累，政治课上一起睡"。挑灯夜战，直到桌上放咖啡，窗外晨光熹微，而成绩却不见起色。这样的同学付出的确实多得多，然而回报与

　　　　为什么学霸都是方法控

付出却似乎不成正比。

这要看你怎么看待学习，要是把学习看做一件苦差事，只能越学越苦。学习是其乐无穷的，在学习中，每当我们遇到一个问题，应该尽力地去思考，把它和学过的知识联系起来。

如果有些地方仍然无法解释，就要查资料，问老师、同学。有的问题甚至要涉及多个学科的知识，而在此过程中，又会发现新的问题，引导我们更深入地探索。到最后融会贯通的时候，那些原本烦琐的习题就会迎刃而解。课上精妙绝伦的发言，课下激烈的讨论，你会惊奇地发现，学习原来是件轻松、快乐的事情。

优等生小军说：关于提问，我的体会是要做好准备，善于提问。具体地说，就是先思考，后提问；先观察，后提问；先试验，后提问；先阅读，后提问等。比如在预习时，我就是一边阅读一边思考，把发现的问题先写在练习本上，等到上课的时候提出来问老师。

看来，学会观察和思考，才能善于发现问题，提出问题。如学了"表内乘法和表内除法"后，我们可以观察"乘法口诀表"，通过思考和发现问题，向其他同学提问：竖着看，每一排什么数不变，什么数变了，怎么变化？或者提出：横着看，每一行什么数不变，什么数变了，怎么变化？还可以提出：哪些口诀只可用来计算一道乘法算式和一道除法算式？为什么口诀表竖着看，从左往右每一竖排口诀越来越少？横着看，从上到下，每一横行口诀越来越多？通过这样的观察和思考，我们的问题意识就会越来越强了，提问题也能放得开了，思维的灵活性和深刻性也提高了。

如何激活我们的创造力

不知你是否知道，在印度尼西亚有一种母科摩多大蜥蜴，当它第一次产卵时，它知道要先爬一段险坡，然后到一座火山里面产卵，这样刚出生的小蜥蜴存活率会比较高。即使作为母亲的大蜥蜴不是生在火山中，它也十分清楚地知道必须如此。

大蜥蜴是怎么知道的？又是谁告诉它的？

很多时候，我们也像科摩多大蜥蜴那样，其实知道很多不可能知道的事。这些特殊的思考能力或想法有时在日常生活中就这么突然地冒出来，尽管有些时候我们所处的状态十分清晰，它还是会忽然闪现在脑海中。在这种时候，我们的心犹如与一种更广大的意识相联结在一起。

在我们的经验储存器——大脑中，有些资料是非常平凡而熟悉的，有些带有惊人的意象和联想。不管怎样，它们都与我们的生活息息相关，不过，有一点可以明确，那就是我们可以辨认出这些资料是从哪里来的。

除此，有一些是我们不可能知道的，我们可以称它为直觉，也可以称它为第六感。那可能是一种对于原始事物的原始理解，而不是人生经验所带给我们的。

因此，每一个人的内心深处似乎都具有一个属于自己的创造源泉。同时，存在一种超越个人的，属于全人类的共同源泉，里面储存着各种原始、深奥的集体智慧。这个庞大源泉或许在我们体内，或许我们通过一种渠道与它联结。

脑神经学家拉塞·布莱思说：创造能力强的人的神经元数量虽然比普通人少，但是可以组成丰富的功能模式。科学实践告诉我们，神经系统是创造力的生物学基础。神经元的构造和功能影响着创造力水平的高低。

根据克拉克的研究，创造力强的人的大脑有以下五个特点：

（1）表现出快速的突发活动，引起更迅速的资讯过程；

（2）具有丰富的化学成分的神经元，可形成更复杂的思维模式；

（3）更多地运用前额皮层（额叶）的功能，使顿悟和直觉思维得以强化；

（4）脑波输入更快，更为持久，能够从轻松的学习、强化记忆及左右脑的综合功能中得到乐趣；

（5）脑节律的一致性、共时性和专心致志的强化。

有创造力的人神经系统强度高，兴趣和意志集中，灵活和均衡性高、分析力强，大脑功能潜力大。

创造力是知识经济时代最有活力、最有前景、最有挑战的能力，全脑创造力就是既要运用左脑，又要积极开发右脑潜能，多管齐下，平衡发展，发挥大脑潜能，最大限度地提高创造能力，使我们在高度竞争的社会生活中立于不败之地，并且能够体现出我们所具有的生命意义。

原中国教育部副部长吴启迪说："指南针、造纸术、印刷术和火药，中国的四大发明让我们感到自豪，但在接下来的几个世纪里，我们没有保持发明的步伐。四大发明充分证明了中国人的能力，我们需要回到那样的状态。"

是的，无论是从国家进步、民族发展的大局，还是从个人需要创造社会价值的角度，我们都需要激活自己的创新能力！

但是，如何有效地激活我们的创新能力呢？

1. 要善于把新思维和旧形式有机地结合起来

对这种做法，中国人叫"旧瓶装新酒"。

其实，这个词在很多地方都是贬义的。从中国人的传统思维出发，如果你有一种全新的想法或者做法，就应该使用同样新的形式，这样才能"配套"，或者说相称。如果一个新的想法或做法，使用旧有的形式，在中国人看来，就是驴唇不对马嘴，不伦不类。

这是一种误解，一种出于常规思维的误解。所谓"新事物"，不一定非要彻头彻尾都是新的，只要其中包含着创新的成分，就是新事物，所以，旧瓶装新酒，是十分正常的，很多中国人不懂得这一点，所以往往屈从于常规的"旧瓶"——他们把精力都放在如何把"旧瓶"换成"新瓶"的问题上，而忽略了"旧瓶装新酒"

的可行性。

克拉伦斯·伯德恩埃旅行到加拿大时，看到有些鱼在天然条件下封冻并解冻，他从大自然中得到启发，这就产生了冷冻食品工业。在某一个制笔行业里，一个聪明人认识到，只要是有笔的地方，就一定要有墨水，那么为什么不把两者结合起来呢？结果自来水笔诞生了。

由此观之，所有的新思想，归根结底，都是借鉴于旧思想的，都是在旧思想的基础上添砖加瓦，把它们结合起来或进行修改。如果是偶然做成，人们会说你运气好；如果是有计划地做成，人们便说你有创造性。然而，无论是运气好，还是有创造性，都无法做到制造出"全新"的事物，很大程度上，都要借助旧思想、旧事物，这就是所谓的"旧瓶装新酒"。

2. 学会乐于接受各种新创意

为了激活我们的创造力，我们一定要摆脱一些守旧观念的束缚，最好永远不要说"办不到""没有用"之类的话。另外我们还要有实验精神，你可以去尝试新的餐馆、新的书籍、新的戏院以及新的朋友，或者采取跟以前不同的上班路线。

如果你从事销售工作，就试着培养对生产、会计、财务等的兴趣，这样会扩展你的能力。要明白进步本身就是一种收获，一般有重大成就的人都会不断地为别人和自己设定较高的标准，不断寻求增进效率的各种方法。"以较低成本获得较高的回报，以较少的精力去做较多的事情。"

通常，破除思维定式，激发创造性思维，从原有的框框里跳出来大约要经过 5 个步骤．

（1）原始的观念

当你遇到一个问题要解决或有一件事要做；你想学习另外一门课程；你想改变一下自己的穿着风格；或者你想把学校里的不合理的制度作一下改进；等等。这些都属于最原始的观念。

（2）预备阶段

你可以尝试搜索做成一件事的所有可能的方法。然后尽可能多地收集与之相关的资料，到图书馆阅读有关书籍，与别人交谈、和别人交换想法，提出问题，等等。时刻准备去接受新东西，这些都是开动我们想象力的跳板。

（3）酝酿阶段

这一阶段属于潜意识自由活动的阶段。你可以尽情地放松，比如出去散散步，晒晒太阳，睡个午觉，洗个热水澡，做做其他的事情或打一会儿球，把问题留到以后再解决。

（4）开窍阶段

这是创造过程的最高阶段。眼前忽然闪现一盏明亮的灯，一切东西都突然变得井井有条。查尔斯·达尔文一直在为进化理论收集材料，突然有一天，当他坐在马车里旅行时，这些材料都突然一下子融为一体了。

达尔文写道："当解决问题的思想令人愉快地跳进我脑子里的时候，我的马车驶过的那块地方我还记得清清楚楚。"开窍是创造过程中最令人兴奋和愉快的阶段。

（5）核实阶段

不管你有多么聪明，有时处于开窍阶段得到的启示可能根本不可靠。这时便要发挥理智和判断的作用。你忽然闪现的灵感要经过逻辑推理加以肯定或否定。你要跳出来尽可能客观地看待你的设想。多征求别人的意见，听听别人的看法，对这出色的设想加以修正，使之趋于完善。而且经过核实，你往往会得出更新更好的见解。

高分发散思维能力的3个步骤

在学习的过程中，如果想让自己拥有杰出的发散思维能力，我们可以按照以下几个步骤进行练习。

1. 学会充分发挥自己的想象力

每个人的想象力和思维能力是紧密相连的，我们在思维时，可以用丰富的想象能力，来拓展我们的思路，从而摆脱固有的束缚。

比如，在生活中，我们可以尝试进行大量的阅读，广泛地吸收各种知识。比如，读一部好的历史小说或科幻小说，将自己沉浸在另一时空中等都是发挥想象力的方法。

2. 不要过分紧张

进行发散思维训练时，应该处于一个安静的环境，避免不必要的打扰，同时，拥有一份放松的心情也很重要，即不要让自己感到很紧张。

3. 要掌握发散思维的方法

当我们思考问题时，不要从单一的角度进行，应该调动自己的逆向思维，学会多角度、多方位、多层次看待和解决问题。

发散的角度越多，越利于我们对问题的分析和把握。

4 种方法帮助我们启动思考

生活中，很多人认为思考本身是很乏味的、抽象的、让人迷惑的，这与使人昏昏欲睡的认识不无关系。

为了让我们神奇的大脑转动起来，保障我们每天顺畅地思考，并提高思考力，可以从以下几个方面入手。

1. 排除多余的干扰

当我们针对要解决的问题进行思考的时候，一定要避免不受其他次要想法的干扰，因为我们的大脑里每天都有数千个一闪而过的想法产生，其中很大一部分会起到干扰的作用，使我们难以清醒地专注于我们想要思考的问题。

如果采用思维导图的形式，可以在罗列关键词的同时，进行相互的比较和筛选，可以有效排除多余的干扰，让思考更集中。

2. 紧紧围绕主题

一般，我们一次只思考一个主题，这时，我们必须命令我们的大脑集中注意力。也许，这种命令在起作用前需要几分钟时间，需要我们耐心地帮助我们的大脑关注于我们思考的主题。

这样做的好处是，可以迅速激活我们的大脑，使它运转起来，获得我们想要的想法。

这个思考的主题可以作为思维导图的关键词放在节的中心位置。

3. 关心一下自己的感受

如果当你绞尽脑汁，还是很难围绕所要解决的问题启动思考时，那么，你可以尝试着关注一下自己的内心感受，把这些感受写在思维导图上。问问自己在思考过程中产生了什么感受，并顺着这些感受展开与内心的对话，说不定会瞬间打开思路，获得意外的惊喜。

4. 养成随时思考的习惯

当思考成了一种习惯，无疑会对你有很大的帮助。让大脑经常处于工作状态，很容易发动你的思考过程，获得解决问题的有效方法。

3 招激活思维的灵活性

灵活思维的好处是，当我们遇到难题时，可以多角度思考，善于发散思维和集中思维，一旦发现按某一常规思路不能快速达到目的时，能立即调整思维角度，以期加快思维过程。

激活思维的灵活性，可以从下面 3 个方面入手。

1. 培养迁移能力

迁移，是指一种学习对另一种学习的影响。

我们更多地要用到的是知识迁移能力，即将所学知识应用到新的情境，解决新问题时所体现出的一种素质和能力，形成知识的广泛迁移能力可以避免对知识的死记硬背，实现知识点之间的贯通理解和转换，有利于认识事件的本质和规律，构建知识结构网络，提高解决问题的灵活性和有效性。

思维的灵活性主要体现在解决问题时的迁移能力上，必须有意识地去培养自己的迁移能力，从而能够灵活地解决学习中的一些问题。

语文学习中，常常能遇到写人物笑的片段，比如《葫芦僧判断葫芦案》中的"笑"，《红楼梦》第四十四回中每一个人的"笑"，《祝福》中祥林嫂的"三笑"，各自联系起来，分析比较，各自表现了人物的什么个性，同时揭示了什么主题，等等。

通过这种训练，可以使分析作品中人物的能力和写作中刻画人物的水平大大提高。

2. 利用"一题多解"

这种方法在数学学习中经常使用，对"一题多解"的训练，是培养思维灵活的一种良好手段，这种训练能打通知识之间的内在联系，提高我们应用所学的基础知识与基本技能解决实际问题的能力，逐步学会举一反三的本领。

学会"一题多解"的思维方式，可以训练思维的灵活性，使自己在思考问题的起点、方向上及数量关系的处理上，不拘泥于一种方式，而是根据需要和可能，随时调整和转换。

3. 大量阅读不同体裁的文章

文章是作者进行创造性思维的成果。一篇文章的创造性，主要体现在它的构思和语言的运用上，体现在文章的思想观点和表达方式上。

不同体裁的文章，也各有各的特点，就是同一体裁中的同一内容的文章，风格也是各异。在阅读一篇优秀文章时，善于发现它们的不同，善于吸取它们各自的特点，对于训练自己的思维是有益的。

总之，多读各种不同的文章，既可以获得知识，又可以获得思维和写作的借鉴，可以从比较中学习到从不同角度观察事物、思考问题的方法，从而培养思维的灵活性。

培养思维的灵活性，要学会从不同的角度、不同的方向用多种方法来解决问题，从而培养思维的灵活性。要培养思维的灵活性，就要多动脑筋，加强学习，在实践中探索日新思路、验证新方法，并及时总结、改进，就一定能增强思维的灵活性，搞高思维的应变能力。

依靠发散性思维进行发散性的创造

发散思维法的特点是以一点为核心，以辐射状向外散射。在生产、生活中，我们可以利用这种思维法来进行发散性的创造。若以一个产品为核心，可以发掘它的各种不同的功能，开发出各种各样的新产品。如围绕电熨斗这个产品，开发出了透明蒸汽电熨斗、自动关熄熨斗、自动除垢熨斗、电脑装置熨斗，等等。这些产品满足了生活中不同人群的不同需求。

下面这个故事也是围绕产品开发产品的一个典型例子，从中我们可以体会到发散思维法的应用价值。

日本著名的松下电器公司于 1956 年与另一家电器公司进行合资，成立了新的电器公司，专门制造电风扇。当时，松下幸之助委任松下电器公司的西田千秋为总经理，自己则担任顾问。

与之合并的这家公司前身是专做电风扇的，后来又开发了民用排风扇。但即使如此，产品还是显得比较单一，西田千秋准备开发新的产品，试着探询松下的意见。松下对他说："只做风的生意就可以了。"当时松下的想法，是想让松下电器的附属公司尽可能专业化，以期有所突破。可是松下电器的电风扇制造已经做得相当卓越，完全有实力开发新的领域。但是，松下给西田的却是否定的回答。

然而，聪明的西田并未因松下这样的回答而灰心丧气。他的思维极其灵活而机敏，他紧盯住松下问道："只要是与风有关的任何产品都可以做吗？"

松下并未仔细品味此话的真正意思，但西田所问的与自己的指示很吻合，所以他毫不犹豫地回答说："当然可以了。"

五年之后，松下又到这家工厂视察，看到厂里正在生产暖风机，便问西田："这是电风扇吗？"

西田说："不是，但是它和风有关。电风扇是冷风，这个是暖风，你说过要我们做风的生意，难道不是吗？"

后来，西田千秋一手操办的松下精工的"风家族"，已经非常丰富了。除了电风扇、排风扇、暖风机、鼓风机之外，还有果园和茶圃的防霜用换气扇、培养香菇用的调温换气扇、家禽养殖业的棚舍调温系统等。

松下的一句"只做风的生意就可以了"被西田千秋用发散思维发挥到了极致，围绕风开发出了许许多多适合不同市场的优质产品，为松下公司创造了一个又一个的辉煌。这也体现了发散思维的神奇魅力。